Die Entdeckung der frühen Jahre

Die Initiative *McKinsey bildet.* zur frühkindlichen Bildung

Doppel-DVD und Booklet mit Beiträgen von

Daniel Barenboim, John Bennett, Warnfried Dettling, Karl Max Einhäupl, Wassilios E. Fthenakis, Wolfgang Huber, Agneta Karlsson, Jürgen Kluge, Gisela Lück, Royston Maldoom, Christian Malorny, Hubert Markl, Christiane Nüsslein-Volhard, Gerd E. Schäfer, Andreas Schleicher, Elsbeth Stern, Rita Süssmuth, Wolfgang Tietze, Friedrich Wilkening

Filmdokumentation und Buch von Reinhard Kahl

ARCHIV DER ZUKUNFT

„Wer an den Kindern spart, wird in Zukunft verarmen.“ So lautet klipp und klar das Motto der Initiative *McKinsey bildet.*

In vier Werkstattgesprächen und einem Kongress hat die Initiative die Situation der frühkindlichen Bildung in Deutschland analysiert und ein Konzept für ihre Entwicklung erarbeitet.

Das Ergebnis wird in insgesamt neun Stunden filmischer Dokumentation auf zwei DVDs vorgestellt. Dazu gehören:

Der Film „Die Entdeckung der frühen Jahre“. In 50 Minuten zeigt er den über fast ein Jahr gelaufenen Prozess, zu dem auch Aktionstage von Naturwissenschaftlern oder Musikern in Kitas gehören. Neben der Dokumentation gibt es auch eine Kurzfassung.

19 der in den Werkstätten und auf dem Kongress gehaltenen Vorträge werden vollständig oder in Ausschnitten dokumentiert. Dazu gehören Analysen von Wissenschaftlern, Vorschläge von Künstlern, Überlegungen von Politikern und Reflexionen aus der Praxis.

Zehn filmische Impressionen geben vertiefende Einblicke in Kitas und in die Themen der Werkstattgespräche.

Das Booklet führt als Navigator durch die Menüs der beiden DVDs. Die Filme und Vorträge sind in Kapitel eingeteilt, die sich jeweils einzeln starten lassen. Das Booklet verschafft die Übersicht. Hier findet man aber auch die Kernthesen der Vorträge zusammengefasst und kann den Vortrag von Jürgen Kluge nachlesen. In weiteren Texten wird die bildungspolitische Dimension des Themas „frühkindliche Bildung“ erhellt.

Wie auch die anderen Dokumentationen des Archivs der Zukunft sollen diese DVDs und das Booklet den Möglichkeitssinn weiten und den Wirklichkeitssinn schärfen.

Peter Sloterdijk sagte in seiner ZDF-Sendung „Das Philosophische Quartett“ über das Archiv der Zukunft und den Film „Treibhäuser der Zukunft“: „Es ist tatsächlich ein erschütterndes, großartiges Dokument, das zeigt, dass die Zukunft der neuen Schule in Deutschland schon begonnen hat. Wir müssen sie nicht herbeifordern, wir müssen nur auf die Beispiele hinweisen, in denen gezeigt wird, wie es gelingt. Wir müssen das Kartell des Negativredens durchbrechen. Nicht ohne Grund ist dieses Werk in einer Reihe erschienen, die sich Archiv der Zukunft nennt.“

Annette Schavan, Bundesministerin für Bildung und Forschung, sagte: „Zum notwendigen Mentalitätswechsel im deutschen Bildungswesen gehören die Filme von Reinhard Kahl.“

Dank

Besonderer Dank gilt Linda Reisch – sie ist gewissermaßen die freiberufliche Intendantin in der Initiative *McKinsey bildet.* – sowie Florian Pfeffel, Katrin Pross und Michaela Schneider von McKinsey & Company.

Dank allen Protagonisten im Film, insbesondere

dem Musikkindergarten Berlin, vor allem Hugo, der Staatskapelle Berlin, vor allem dem Solisten Hanno Müller-Hornbach und den Musikern Christoph Anacker, Wolfgang Hinzpeter, Andreas Jentzsch, Eva Turek, Franziska Uibel, Unolf Wantig sowie dem Dirigenten Daniel Barenboim, den Berliner Kitas Eisenacher Straße, Kottbusser Tor, Kita im Hof, Schillerstraße, der Kinder Insel Hombroich, dem Museum für Naturkunde und dem MACHmit! Museum für Kinder in der Elias-Kirche, der Staatlichen Ballettschule und Schule für Artistik, der Staatsoper Unter den Linden, Berlin, und der Filmproduktion BOOMTOWNMEDIA für die Überlassung eines Ausschnitts aus dem Film „Rhythm Is It“.

Team und Mitwirkende

Die Entdeckung der frühen Jahre
Die Initiative *McKinsey bildet.*
zur frühkindlichen Bildung

Eine Dokumentation
von Reinhard Kahl

Kamera:
Hanno Hart
Helmut Hofer
Marika Kavowras
Günter Schreiber

Ton:
Andreas Hansen
Uwe Winter

Schnitt:
Stephan Sautter

DVD-Design und -Programmierung:
Stefan Barg

Gestaltung:
Frank Schöttke, Progress 4

Büro und Organisation:
Matthias Ladendorff
Jöran Muuß-Merholz
Rainer Naujoks

Inhaltsverzeichnis

Reinhard Kahl
Lernen – Vorfreude auf sich selbst

Der Kongress zur frühkindlichen Bildung, die Initiative *McKinsey bildet.* und der Paradigmenwechsel in der Bildung

Vielleicht wird der McKinsey-Kongress zur frühkindlichen Bildung einmal für eine Zäsur stehen. Mitte des ersten Jahrzehnts im neuen Jahrhundert lag etwas in der Luft. Das tatenlose Klagen über die vernachlässigten Kindergärten, Schulen und Hochschulen hatte mit der lauten, aber zunächst folgenlosen Aufregung über PISA seinen Höhepunkt erreicht. Langsam setzte sich eine andere Stimmung durch. Handlungsoptimismus, Reflexion und Neugier. Auch die Neigung, sich lieber im 30-jährigen Bildungskrieg zu profilieren, als den Frieden zu wagen, ließ nach. Viele spürten, dass der Kleinkrieg zwischen den Generationen etwas mit dem Kulturkampf um die Bildung, diesem letzten Religionskrieg, der den Deutschen geblieben war, zu tun hatte. Denn mit dem Versprechen dazuzugehören, sei es an die Jungen, sei es gegenüber anders Denkenden oder Fremden, und darauf stolz sein zu dürfen, wurde hierzulande bislang gegeizt.

Klang der Satz „Auf euch haben wir gewartet!“, zuvor häufig wie „Auf euch haben wir gerade noch gewartet; ihr fehlt mir noch; ich wundere mich schon gar nicht mehr; ihr werdet noch euer blaues Wunder erleben!“, so nahm er nun immer häufiger den Ton einer freundlichen Einladung an: „Hey, kommt her! Ihr seid schon ganz gut, vielleicht steckt in euch aber noch viel mehr, als ihr denkt. Lasst uns was draus machen!“

Eine neue Haltung gegenüber Kindern gewann in diesen Jahren die Oberhand: sie ernst nehmen; mit den Anfängern sympathisieren; das Spiel neu entdecken. Langsam hörte man damit auf, ihnen außerhalb der Familie nur Betreuung zuzugestehen. Dieser Vorbehalt zeugte noch von Misstrauen gegenüber dem öffentlichen Raum, also der Gesellschaft. Schritt für Schritt wurden jetzt die frühen Jahre entdeckt. Man begann, sie endlich als Bildungszeit zu kultivieren und Kinder als geborene Lerner anzusehen. All das also lag bereits in der Luft. Auf diesem Kongress im Herbst 2005 kristallisierte es sich heraus.

„Paradigmenwechsel“ nennt man solche mentalen Umbauten. Erst allmählich, dann oftmals ganz schnell zeichnen sich dann andere Muster des Selbstverständlichen ab. Langsam verblich auch das alte Vorurteil, dass Bildung eine Last sei, die viel kostet. Viele fragten sich, wie wir nur hatten übersehen können, dass Bildung tatsächlich doch eine Investition ist, die sehr viel bringt – vorausgesetzt natürlich, man macht die Sache gut. Lernen galt nun immer seltener als die bittere Medizin, deren Verabreichung an Kinder man so lange wie möglich herauszögern sollte. Man kam auf einen anderen Geschmack. Die neue Formel hieß: Lernen ist eine Vorfreude auf sich selbst. Und warum, fragten sich viele, soll das nur für Kinder gelten? Vom Lernen wurde der Druck des so genannten „späteren Lebens“ genommen, mit dem man hierzulande immer noch gern der nächsten Generation drohte. Nun versucht man, Kinder in eine wache Gegenwart einzuladen. In ihr entsteht Zukunft.

Pädagogen wurden mehr und mehr als Lotsen auf dem Weg in die Zukunft angesehen und seltener als Agenten der Vergangenheit verachtet. Lauter neue Töne. Auch dieser: „Jede Schule und jeder Kindergarten sollte schöner und besser ausgestattet sein als die beste Sparkasse der Stadt.“ Das sagte die Bundesministerin für Bildung und Forschung. Und sie forderte Pädagogen dazu auf, statt lange zu fragen und zu zaudern, lieber „Banden zur Veränderung ihrer Einrichtungen zu bilden“.* So kann sich Bildungspolitik anfühlen. Eine Klimapolitik für die Gesellschaft.

Und an noch etwas wird man sich vielleicht einmal erinnern. Auch wer damals kein Freund der großen Koalition war, die ein paar Straßen weiter ausgehandelt wurde, während der Kongress Unter den Linden tagte, erlebte mit, wie eine etwas andere große Koalition in Deutschland Konturen gewann: eine für die Erneuerung des Lernens, für die Verbesserung des Generationenverhältnisses und für die Stärkung der Kompetenz eines jeden Individuums. Denn darum geht es ja bei Bildung, „die Menschen stärken und die Sachen klären“, wie es Hartmut von Hentig sagte. In dieser Zeit verschob sich das politische Kraftfeld von der „Politiker-Politik“ hin zur „Zivilgesellschaft“ – weder ein schönes noch klares Wort, aber man hatte noch kein besseres. Sollte man vielleicht lieber von „Polytik“ sprechen?

Könnte so einmal der Rückblick auf eine Entwicklung aussehen, die mitten im ersten Jahrzehnt des neuen Jahrhunderts begann? Der Verlauf des hier skizzier-

---

* Annette Schavan am 9. Februar 2006 auf dem ersten Hamburger Bildungsdiskurs in der Körber-Stiftung

ten Neubeginns ist nicht zwingend, überhaupt nicht. Aber warum sollte er nicht gelingen? Das notorische Verdikt „viel zu schön um wahr zu sein" gilt nicht, ist feige.

Eines jedenfalls steht fest: Der Kongress war ein geglückter Selbstversuch. Er enthielt schon alle Themen, auf die es ankommen wird, und er brachte ein ungewöhnliches Bündnis aus verschiedenen Akteuren zusammen.

400 Teilnehmer aus Kindergärten, Wissenschaft, Wirtschaft, Verbänden, Kultur und auch aus der Politik kamen am 25. und 26. Oktober 2005 in die Berliner Staatsoper Unter den Linden zum Kongress „Frühkindliche Bildung". Es war der zweite von McKinsey & Company veranstaltete Bildungskongress. Der erste hatte am 2. September 2002 zu dem Thema „Die Zukunft der Bildung" stattgefunden.* Er hatte bereits unter dem Leitsatz „Früh investieren anstatt spät reparieren" gestanden. Eine der Forderungen lautete damals: „Mehr Freiräume für die Bildungsinstitutionen". Drei Jahre später nun zoomte McKinsey ganz nahe an die wichtigste, aber immer noch am stärksten unterschätzte Region der Bildungslandschaft heran. Auf vier Bildungswerkstätten und mit mehreren Aktionstagen war der Kongress vorbereitet worden.

Na gut, sagten viele, aber wieso ausgerechnet McKinsey?

„Bildung, vor allem frühkindliche Bildung, ist der Schlüssel zu allem", antwortet Jürgen Kluge, Chef von McKinsey & Company in Deutschland. „Indem wir früh die Basis legen, kommen wir zu einer neuen Erziehungs- und Bildungsbewegung. Und je früher Menschen unabhängig von ihrer sozialen Herkunft an Bildung teilhaben können, desto mehr Chancengerechtigkeit wird es geben."

Die Initiative *McKinsey bildet.* wurde Ende 2000 ins Leben gerufen, noch bevor die PISA-Ergebnisse dieses Land so nachhaltig irritierten wie kein anderes kulturelles Ereignis in den vergangenen Jahren. „Bildung ist die einzige Chance, die Kinder haben. Und unsere dazu", erklärte Jürgen Kluge bei der Gründung der Initiative, die zu den „Pro-bono-Aktivitäten" der Unternehmensberater gehört.

---

* Die Zukunft der Bildung
Hrsg. Nelson Killius, Jürgen Kluge und Linda Reisch
Franfurt a.M., 2002; edition suhrkamp, ISBN: 3-518-12289-4:
In einem gemeinsamen Manifest haben die Wissenschaftler ihre Analysen aus den Werkstattgesprächen, die dem 1. McKinsey-Bildungskongress vorausgingen, gebündelt.

Die Bildung der Zukunft
Hrsg. Nelson Killius, Jürgen Kluge und Linda Reisch
Franfurt a.M., 2003; edition suhrkamp, ISBN: 3-518-12328-9:
die Vorträge des Kongresses und Synopsen zu den einzelnen Themenbereichen

Weitere Informationen unter: www.mckinsey-bildet.de

Dabei stellen sie Wissen, Zeit und Ressourcen unentgeltlich zur Verfügung. Aber warum? Noch einmal also diese Frage, warum beschäftigt sich McKinsey mit Bildung, zudem mit der frühkindlichen?

Es geht wohl doch nicht nur um die Kinder, die Jugendlichen, die Kindergärten, die Schulen und die Hochschulen. Um sie auch, gewiss. Es geht aber zugleich um den Übergang von einer Industrie- zu einer Wissens- oder Ideengesellschaft und um die zentrale, noch unterschätzte Bedeutung, die Bildung dabei hat. Warum nennen wir dieses große Projekt eigentlich nicht Bildungsgesellschaft? Lernen, Wissen, Erziehung und Arbeit müssen gleichermaßen neu gedacht werden. Die Grammatik der Institutionen wird komplexer und die Rolle der Einzelnen wird wichtiger.

Die Planwirtschaft läuft jetzt auch in ihren westlichen Varianten aus. Die Bildungsplanwirtschaft wird obsolet. Die Zeit, da es reichte, als Untermieter im System seinen Dienst zu tun, ist noch nicht ganz, aber wohl bald vorüber. Manche nennen das sogar eine Kulturrevolution, denn erstmals werden Freiheit und die Souveränität des Einzelnen in den Institutionen und Organisationen fast zu einem „Sachzwang“. Die Eigenheit der Individuen wird als Quelle von Produktivität entdeckt. Diversity, Heterogenität oder ganz einfach der Vorteil, verschieden zu sein – so heißen die Schlagworte dieses Paradigmenwechsels der ganzen Gesellschaft. Er betrifft genauso das Mikrogewebe der Arbeit und des Lernens wie die großen Strategien von Globalisierung und Glokalisierung. Für Unternehmen wie für Schulen oder Kindergärten gilt, dass sie ihre Mitarbeiter nicht mehr bloß als Ausführende ansehen dürfen, wenn diese sozialen Organismen erfolgreich sein sollen. Kreativität lässt sich eben nicht anordnen. Jeder darf und soll selber wollen. Abschied also von den Strategien der Homogenisierung, der Normierung und auch vom lange geübten Gefügigmachen.

Das Mitschwingen der Themen dieses gesellschaftlichen Wandels unterschied beide Kongresse von fachlich enger definierten Pädagogenveranstaltungen. Dauernd war gegenwärtig, dass jeder Diskurs über Lernen, Erziehung und die nächste Generation immer auch ein Selbstgespräch der Gesellschaft ist. Woher kommen wir? Wohin wollen wir? Was ist derzeit der Stand der Dinge?

Ein Beispiel, ja eine Metapher für diesen Weg in eine Bildungsgesellschaft war ein Vortrag in einer der vier Bildungswerkstätten, die dem Kongress vorangegangen waren. Das Thema hieß „Qualität“. Der Vortrag handelte von der Automobilindustrie. Manche Teilnehmer fragten sich zunächst, was so ein Thema denn bei frühkindlicher Bildung zu suchen habe? McKinsey-Berater Christian Malorny berichtete, dass bis Mitte der 80er Jahre in Deutschland bei Daimler-Benz, VW und BMW um die 25.000 Qualitätsprüfer beschäftigt waren. Das schien auch unbedingt nötig, denn 40 Prozent der Autos kamen mit Mängeln aus der Fabrik und warteten zur Nachbesserung auf den Parkplätzen. Die Arbeiter am Band kümmerte das wenig, denn für Qualität gab es ja Spezialisten. 1985 wurde diese Sicht erschüttert. Eine amerikanische Studie über die Revolution im japanischen Automobilbau* zeigte, dass Toyota Autos mit weitaus besserer Qualität herstellte, ohne dass auch nur ein Qualitätsprüfer nachkontrollieren musste. Kaum zu glauben. „In Japan“, so Malorny, „kann jeder Arbeiter an der Maschine, wenn es ihm nötig scheint, die Fabrik anhalten. Er hat sogar die Pflicht dazu. Eine Produktionsstraße mit Hunderten von Arbeitern bleibt dann stehen, bis das jeweilige Problem beseitigt ist. So etwas konnten wir uns gar nicht vorstellen.“ Es ist erheblich preiswerter, eine Fabrik mit Hilfe aller Mitarbeiter so lange zu optimieren, bis sie gut läuft. Hingegen kommt es teuer zu stehen, um einen unselbständigen Kern lauter Ringe von Aufsicht und Qualitätskontrolle zu legen und einen schwachen Prozess mit aufwendigen Reparaturmaßnahmen zu verlängern.

Klingt das nicht wie eine Parabel auf Strukturen des bisherigen deutschen Bildungssystems?

Fabriken in Japan laufen im ersten halben Jahr noch schlecht, später dann sinkt die Fehlerquote unter 1 Prozent. Deutsche Imitationen des japanischen Systems führten zunächst allerdings zu noch schlechteren Ergebnissen, denn man hatte nur die formalen Prozessabläufe, nicht aber die Mentalität verändert. Es fehlten noch der Sinn fürs Team, die Bereitschaft, aus Fehlern zu lernen und die Lust, Verantwortung zu übernehmen.

Als Sackgasse erwies sich in der deutschen Automobilindustrie auch die Einführung von Standards, zumindest wenn sie als Normierungen und nicht als Maßstäbe für selbständiges Handeln verstanden wurden. Sieht man in ihnen bloß Mindeststandards, verführen sie die Mitarbeiter dazu, sich vorschnell zufrieden zu geben. Exzellente Ergebnisse entstehen, wenn jeder Einzelne wie auch das Team sich ständig weiter verbessert, wenn alle ihre jeweils besten Möglichkeiten herausfinden und ihren Lernprozess selbst in die Hand nehmen. Es kommt darauf an, seine Probleme erst mal als die eigenen zu begreifen. Diese Aneignung ist der Anfang. Gelingt er, dann lassen sich aus Schwierigkeiten Funken für neue Ideen schlagen. „Problems are our friends”, sagt Michael Fullan, Erziehungswissenschaftler und Change-Theoretiker aus Toronto. Damit wies er den überaus erfolgreichen kanadischen Schulen den Weg.**

---

* Studie des MIT (Massachusetts Institute of Technology): J. P. Womack, D. J. Jones, D. Roos, The Machine That Changed the World. The Story of Lean Production. New York, 1990

** Michael Fullan, Die Schule als lernendes Unternehmen. Konzepte für eine neue Kultur in der Pädagogik. Mit einem Nachwort von Reinhard Kahl. Stuttgart, 1999

Inzwischen waren die Teilnehmer der Bildungswerkstatt in Gedanken schon lange nicht mehr bei der Automobilproduktion, sondern in ihren Kindergärten, Schulen oder Hochschulen. Erfolgreiche Unternehmen, erfuhren sie, sind in Teams organisiert und „jeden Abend und jeden Morgen setzt man sich zusammen und diskutiert darüber, was gut lief oder schief ging“. Wer sagt da noch, Morgenkreise seien Kuschelpädagogik?

Kleine Gebrauchsanweisung für die DVD und das Booklet

Die Doppel-DVD bietet ca. neun Stunden an Vorträgen, Interviews, filmischen Impressionen und einer zusammenfassenden Dokumentation.

Die Dokumente sind – abgesehen von einigen Kurzfilmen – in Kapitel unterteilt. Diese lassen sich über die Menüsteuerung direkt anwählen. So kann jeder seinem besonderen Interesse folgen. Benutzer sollen schnell zum Ziel kommen, niemand muss sich durch Materialberge arbeiten oder wie bei einer VHS-Kassette lange hin und her spulen. Allerdings wird man bald auch dort Interessantes finden, wo man es vielleicht gar nicht erwartet hat, und auf den Geschmack kommen. Das Material soll zu Expeditionen verführen.

Die Dokumente auf beiden DVDs sind gleichermaßen Tool und Pool, Werkzeug und Archiv. Sie ermöglichen individuelle Studien, sie bieten Ideen und Anschauung für die Aus- und Weiterbildung und sie sollen Freude an neuen Erkenntnissen wecken. Gewiss wird es auch Irritationen über nicht geteilte Sichtweisen geben.

Das Booklet ist zunächst ein Guide für die Benutzung der DVD. Außerdem wurde aus den 19 dokumentierten Vorträgen für das Booklet ein Konzentrat aufbereitet, das im Kapitel „Argumente" zu finden ist. Weil man Wissen – zumal neues Wissen – gern schwarz auf weiß hat, wird hier ein Spektrum mit Ideen zur frühkindlichen Bildung angeboten.

Nachlesen kann man im Booklet auch den Vortrag, den Jürgen Kluge auf dem McKinsey-Bildungskongress hielt. Darin sind Rechercheergebnisse der Initiative *McKinsey bildet.* zusammengefasst und es werden Konsequenzen daraus gezogen.

Eine Einführung in das ganze Projekt und zugleich eine Einordnung versucht die Einleitung „Lernen – Vorfreude auf sich selbst". Der Essay „Anfänger gesucht" zum Schluss des Booklets stellt Fragen und versucht, Antworten zu den mit diesem Thema unmittelbar verbundenen Debatten über die sinkende Geburtenrate, zur Entdeckung der Kinder als Forscher und zur Rolle der Erwachsenen zu geben. Denn so sehr Anfänger gesucht werden, werden auch erwachsen gewordene Erwachsene vermisst.

Alle Texte in diesem Booklet, mit Ausnahme des Vortrags von Jürgen Kluge, sind von Reinhard Kahl verfasst, auch die Zusammenfassungen der Vorträge im Kapitel „Argumente".

Die Vorträge vom Kongress und den vier Bildungswerkstätten werden im Suhrkamp Verlag veröffentlicht:

Frühe Bildung
Hrsg. Jürgen Kluge, Katrin Pross und Linda Reisch
Frankfurt a.M., 2006; edition suhrkamp, ISBN 3-518-12467-6, erscheint Sommer 2006
Die Auswertung der Werkstattgespräche und des Kongresses von McKinsey zum Thema frühkindliche Bildung

In zwei Büchern sind Ergebnisse und Hintergründe der 1. McKinsey-Bildungsinitiative dokumentiert:

Die Zukunft der Bildung
Hrsg. Nelson Killius, Jürgen Kluge und Linda Reisch
Frankfurt a.M., 2002; edition suhrkamp, ISBN 3-518-12289-4
In einem gemeinsamen Manifest haben die Wissenschaftler ihre Analysen aus den Werkstattgesprächen, die dem 1. McKinsey-Bildungskongress vorausgingen, gebündelt.

Die Bildung der Zukunft
Hrsg. Nelson Killius, Jürgen Kluge und Linda Reisch
Frankfurt a.M., 2003; edition suhrkamp, 2003, ISBN 3-518-12328-9
Die Vorträge des Kongresses und Synopsen zu den einzelnen Themenbereichen

Weitere Informationen unter: www.mckinsey-bildet.de
Und unter: www.archiv-der-zukunft.de

Ein Hinweis zur Technik:
Wenn man die DVD auf dem Computer abspielt, kann es vorkommen, dass Rechner, insbesondere ältere Laptops, oder auch bestimmte Bildschirme bei der Datenmenge nicht mitkommen. Dann „verschluckt" sich der Rechner. Das Bild ruckelt und der Ton kann schlechter werden. Das liegt nicht an der DVD!
Außerdem werden bei einigen Softwareprogrammen die Bezeichnungen Haupt-, Titel- und Kapitelmenü abweichend gebraucht.

DVD-Übersicht

DVD 1

Filmische Dokumentation
Dokumentation, 50 Min.
Kurzfassung, 4 Min.

Interviews
Daniel Barenboim
Jürgen Kluge
Annette Schavan

Galerie
Zehn filmische Impressionen zur frühkindlichen Bildung

1. Kinder wollen lernen
2. Hugo – von Kindern lernen
3. Der Raum ist der dritte Pädagoge – die Berliner Kita Kottbusser Tor
4. Musiker in Kitas
5. Auf den Anfang kommt es an – Vorschule in Finnland und Schweden
6. Intermezzo: Spiel, Freude, Disziplin, Leistung
7. Von der Betreuung zur Bildung – 1. McKinsey-Bildungswerkstatt
8. Die Warum-Frage – 2. McKinsey-Bildungswerkstatt
9. Wer erzieht wie? – 3. McKinsey-Bildungswerkstatt
10. Neugier stimulieren, Sinne öffnen, Verstand schärfen – 4. McKinsey-Bildungswerkstatt

Geschirr zerdeppern und Theater spielen – Johann Wolfgang von Goethe über seine frühen Jahre
Vorgetragen von Corinna Kirchhoff

Vorträge
Daniel Barenboim: Nicht Musikerziehung, Erziehung durch Musik!
Jürgen Kluge: Eine neue Bildungspolitik und eine andere Haltung gegenüber Kindern
Royston Maldoom: „Streckt euch!“ Über Vertrauen, Leidenschaft und Tanz

DVD 2

Weitere Vorträge

John Bennett: Einen starken Anfang machen
Warnfried Dettling: Eine Politik des Mentalitätswandels
Karl Max Einhäupl: Die Krise der Bildung
Wassilios E. Fthenakis: Mit Bildungsplänen Orientierung schaffen
Wolfgang Huber: Chancengerechtigkeit von Anfang an
Agneta Karlsson: Wie Schweden der Vorschule große Bedeutung gibt
Gisela Lück: Auf den Anfang kommt es an
Christian Malorny: Qualität muss hergestellt werden
Hubert Markl: Das Talent ist gewöhnlich unvorhersehbar
Christiane Nüsslein-Volhard: Wie ich zur Biologie gekommen bin
Gerd E. Schäfer: Für eine Kultur der Wahrnehmung und der Weiterbildung
Andreas Schleicher: Wirkungen und Erfolgsbedingungen von Kindergärten
Elsbeth Stern: Mit dem Werkzeug Sprache umgehen lernen
Rita Süssmuth: Achtung vor der Arbeit in Kindergärten
Wolfgang Tietze: Wie sich Qualität im Kindergarten auswirkt
Friedrich Wilkening: Kinder wissen viel mehr, als wir glauben

Dokumentation (50 Min.) und Kurzfassung (4 Min.)

Die Entdeckung der frühen Jahre
Die Initiative *McKinsey bildet.*
zur frühkindlichen Bildung

Die Dokumentation montiert Impressionen und Argumente, sie gibt Einblicke in Kindergärten und zeigt Ausschnitte der Debatten aus den vier Bildungswerkstätten sowie vom abschließenden Kongress.

Die Kurzfassung ist vier Minuten lang. Sie soll Appetit machen. Sie eignet sich dazu, Diskussionen, Elternabende oder Seminare einzuleiten.

Die Dokumentation ist 50 Minuten lang. Sie fasst die Analysen zur frühkindlichen Bildung zusammen und trägt mit ihren Mitteln zu einem veränderten Blick auf Kinder bei.

Dokumentiert wird vor allem der neue Diskurs über die frühen Jahre. Daran nahmen Wissenschaftler, Künstler und Politiker teil. Sie trugen Analysen vor und machten Vorschläge.

Zum Beispiel verzinsen sich Investitionen in die Vorschulzeit für die Gesellschaft mit 12 Prozent, während die Rendite eines Hochschulstudiums 4 Prozent beträgt. Einem Kind aus der Mittelschicht werden 1.700 Stunden bis zur Einschulung vorgelesen oder Bilderbücher gezeigt. Kinder aus sozial schwachen Milieus kommen in diesen Jahren im Durchschnitt nur 25 Stunden in diesen Genuss.

Die Schlussfolgerung von *McKinsey bildet.* lautet: „Wer an den Kindern spart, wird in Zukunft verarmen." Die Konsequenz: 6,5 Mrd. Euro sollten zusätzlich im Jahr in die frühkindliche Bildung investiert werden.

Der Kongress und die Vorbereitungen haben ein ungewöhnliches Bündnis zusammengebracht. Warnfried Dettling, einer der Redner auf dem Kongress, drückte die Hoffnung aus, dass so Neues entsteht: „Fortschritt und Mentalitätswandel gibt es nur, wenn man die Bildung nicht den Lehrern überlässt, die Politik nicht den Politikern und die Unternehmen nicht den Betriebswirten."

Der Film fasst zusammen, was in den Menüs „Argumente" und „Galerie" ausführlich dokumentiert und auch hier im Booklet in den entsprechenden Kapiteln beschrieben wird.

Alle Kapitel können auf der DVD einzeln ausgewählt werden

1. *Kinder sind die Baumeister ihrer Welt*
2. *Jürgen Kluge, Andreas Schleicher: Bildung ist der Schlüssel zu allem*
3. *Annette Schavan, Doris Ahnen, Jutta Ebeling: eine Einrichtung für die Drei- bis Zehnjährigen?*
4. *Vorgeschichte des Kongresses*
5. *Daniel Barenboim: Erziehung durch Musik*
6. *Jürgen Kluge, Hubert Markl: eine andere Haltung gegenüber Kindern*
7. *Royston Maldoom: Vertrauen, Leidenschaft und Anstrengung*
8. *Annette Schavan: Zeit für den Paradigmenwechsel*
9. *Warnfried Dettling: Mentalitätswandel*
10. *Jürgen Kluge: der moderne Kindergarten*
11. *Karl Max Einhäupl: Phantasie für den Nachwuchs*
12. *Kinder als Naturforscher*
13. *Michael Kloss, Wolfgang Tietze, John Bennett: Was heißt Qualität?*
14. *Rita Süssmuth: Anerkennung für die Arbeit in Kitas*
15. *Jürgen Kluge: gebührenfreie Kindergärten für alle*
16. *Agneta Karlsson: der schwedische Weg*
17. *Ursula von der Leyen: Nachholbedarf in Deutschland*
18. *Jürgen Kluge, Jürgen Gallmann, Klaus Kinkel, Doris Ahnen, Jürgen Mlynek, Anne Will: Schlussdiskussion*

Interviews

Daniel Barenboim,
Generalmusikdirektor der Staatsoper Unter den Linden, Berlin

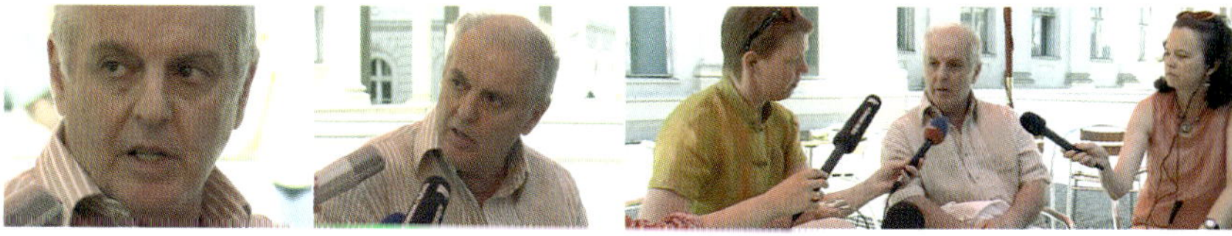

Wie Musik erzieht

Daniel Barenboim hat einen Traum: die Musik zu den Kindern bringen. Sie ist der intensivste Zugang zum Leben und auch zum Lernen. Was heißt das? Worin bestehen erste Schritte? Und wie kommt der weltberühmte Pianist und Dirigent überhaupt auf diese Idee? Darum geht es auf einer kleinen Pressekonferenz am Rande der Auftaktveranstaltung zur Gründung eines Musikkindergartens in Berlin. Das spannende Gespräch wird vollständig auf der DVD dokumentiert.

Barenboim sorgt sich, die klassische Musik könne zu einer Angelegenheit von Fachleuten werden. Musiker spielen dann als „hervorragend spezialisierte Arbeiter" für ein seinerseits spezialisiertes Publikum. Und er sieht eine zweite Gefahr: Schallplatte und CD, die den enormen Erfolg der klassischen Musik ermöglicht haben, könnten auch deren Totengräber werden. Denn die Seele der Musik liegt in der Aktion. Sie schafft Gegenwart. Gespielt wird immer hier und jetzt. Aus dieser Einmaligkeit entspringt ihre unvergleichbare Größe. „Dann ist Musik wie eine Religion", sagt Barenboim, weil „man die Dinge nicht mehr trennen kann: das Rationelle, das Emotionale, das Sinnliche ... Wenn die Elemente stimmen, wird eine Sammlung von Klängen zur Musik." Sie ist eine andere Sprache als die der Worte. Sie erzählt auf ihre Weise von der Welt, vom Leben und von der „menschlichen Kondition". Deshalb ist sie für Daniel Barenboim auch ein hervorragendes Medium zum Lernen. Kinder verstehen die Sprache der Töne besser als viele Erwachsene. „Das Glück, so viel über Musik zu erleben und zu lernen", will er an Kinder weitergeben. In Ramallah, Palästina, hat er bereits den ersten Musikkindergarten gegründet. Der zweite entsteht in Berlin. Seine Hoffnung: „dass die Kinder durch die Musik zum Leben kommen und dass die Kinder die Revolution machen, wenn sie in die Schule kommen und fragen: Wo ist die Musik?"

Bei der Pressekonferenz wurde Barenboim auch gefragt, ob er nicht den Hintergedanken habe, Nachwuchs für ein Konzertpublikum heranzuziehen. Seine Antwort: „Ich habe genug Schwierigkeiten, mit Gedanken umzugehen, erst recht mit Hintergedanken.“ Und er fügte hinzu: „Natürlich ist es gut, wenn diese Kinder später in die Oper kommen. Aber deswegen machen wir das nicht.“

Das Pressegespräch zur Gründung des Musikkindergartens ist vollständig auf DVD 1
Siehe dort auch den Vortrag von Daniel Barenboim im Menü „Vorträge“

Länge 21:15 Min.

Kapitel des Interviews können auf der DVD einzeln ausgewählt werden

1. *Musik wird zu sehr von Spezialisten geprägt*
2. *Die Überlegenheit der Klangwelt*
3. *Die Kinder durch die Musik zum Leben bringen*
4. *Musik ist ein Verhältnis von Inhalt und Zeit*
5. *Vorschläge zum Leben – die Gründung des Musikkindergartens*
6. *Musik und die menschliche Kondition*
7. *Alle Kinder sollen die Sprache der Musik erlernen*

Prof. Dr. Jürgen Kluge,
Deutschland-Chef, McKinsey & Company

Warum die frühen Jahre so wichtig sind und warum Humankapital kein Unwort ist

Warum beschäftigt sich *McKinsey bildet.* mit den frühen Jahren? Die Antwort von Jürgen Kluge: Weil man am Anfang die größte Wirksamkeit erzeugt. „Lieber früh investieren als spät reparieren." Studien in vielen Ländern haben erwiesen, dass Bildungsinvestitionen in die frühen Jahre die höchste Rendite für die Gesellschaft bringen.

Bei den McKinsey-Mitarbeitern zum Beispiel kommt es auf diese beiden Faktoren an: analytische Fähigkeiten und Persönlichkeit. Sie sollten mehrere Sprachen beherrschen, teamfähig sein und den Klienten gegenüber Empathie haben.

Aber die Initiative *McKinsey bildet.* dient natürlich nicht der Rekrutierung künftiger Mitarbeiter. Es gibt keinen unmittelbaren Eigennutz. Die Initiative ist „pro bono".*

Die deutsche Gesellschaft hat 50 Jahre lang ihre Effizienz gesteigert und sich in vielem perfektioniert. Nun sind Grenzen erreicht. Die Kurve wird flach. Man muss jetzt wieder überlegen, was man will und machen kann. Dabei hängt viel von der „Persönlichkeit" der Menschen ab.

Schade findet Jürgen Kluge, dass das Wort „Humankapital" zum Unwort des Jahres erklärt wurde. Denn anders als häufig im umgangssprachlichen Gebrauch verwendet, bedeutet es eben nicht, nach der wirtschaftlichen Verwertbarkeit der Menschen zu fragen. Es kommt nicht auf „enge Menschen" an. Humankapital ist eine Idee, die auf die breite Ausbildung von Fähigkeiten möglichst vieler Menschen setzt und sich nicht nach einem vermeintlichen Bedarf richtet, den ohnehin niemand kennt.

Das Interview mit Jürgen Kluge ist vollständig auf DVD 1
Siehe dort auch den Vortrag von Jürgen Kluge im Menü „Vorträge"

Länge 06:11 Min.

---

* Von pro bono publico (lat.): zum Wohle der Öffentlichkeit

Dr. Annette Schavan,
Bundesministerin für Bildung und Forschung

Ein Paradigmenwechsel in der Bildung

Im McKinsey-Bildungskongress sieht die Ministerin „ein gutes Signal für Bündnisse, die über die klassischen Milieus hinausgehen". Diese Bündnisse beweisen ihr: „Die Gesellschaft fängt Feuer." Nachhaltige politische Veränderungen gehen von der Gesellschaft aus.

Sie sieht einen „Paradigmenwechsel". Das bisher noch dominierende Entweder-oder-Denken kann überwunden werden. „Lust und Anstrengung sind zwei Seiten einer Medaille." Das wurde bisher von vielen nicht so gesehen. „Wer nur von Anstrengung spricht, wird erleben, dass Kinder und Jugendliche versuchen, davon wegzukommen. Wer nur von Lust spricht, wird erleben, dass gar nicht ernst genommen wird, um was es geht."

„Vor PISA waren zu viele in dieser Gesellschaft damit beschäftigt, Kinder vor Leistung und Anstrengung zu bewahren." Das hat sich geändert. Die Chancen zum Lernen werden nun gesehen. „Eine Lernkultur muss attraktiv sein." Der Film „Rhythm Is It" ist ein exzellentes Beispiel. Er zeigt, was alles möglich ist. Er zeigt auch, dass „es falsch ist, so schnell aufzugeben und Schulschwäche damit identisch zu setzen, ‚da wird nichts draus werden' ".

Die Ministerin ist zuversichtlich. Wir erleben den „Kairos", den günstigen Moment, die Leidenschaft dafür zu entwickeln, in der Bildung wieder zur Weltklasse gehören zu wollen. „Politik beginnt nicht im Parlament, sondern große Veränderungen müssen immer in der Gesellschaft vorbereitet werden."

Das Interview mit Annette Schavan ist vollständig auf DVD 1

Länge 04:26 Min.

Galerie: Kurzbeschreibungen der filmischen Impressionen und der Goetherezitation

In der Galerie stehen zehn filmische Impressionen zur frühkindlichen Bildung sowie ein Text von Johann Wolfgang von Goethe über seine frühen Jahre, vorgetragen von Corinna Kirchhoff.

Die „Impressionen" sind die Einspielfilme, die auf dem McKinsey-Bildungskongress gezeigt wurden. Die ersten sechs Kurzfilme führen zu Kindern und in Kitas, die letzten vier werfen einen Blick in die Bildungswerkstätten, die dem Kongress vorangingen.

Die Galerie auf DVD 1

Galerie 1: Kinder wollen lernen

Kinder-Uni im Audimax der Hamburger Universität
Kinder kommen in die Universität und hören sich große Vorträge an. Zum Beispiel über den Gesang der Wale. Nächste Woche eine Vorlesung darüber, warum Popstars so viel Geld verdienen. Der Professor vergleicht: „Britney Spears hat in einem Jahr so viel Geld verdient, wie 1.000 Feuerwehrleute."

Musikkindergarten Berlin
Stars gehen zu den Kindern. Zum Beispiel der chinesische Pianist Lang Lang. Er begleitet Daniel Barenboim in den ersten Musikkindergarten, den Künstler und Wissenschaftler im Sommer in Berlin gegründet haben.
Die besten Leute für die Kinder. Zukunftsmusik?

Kinder Insel Hombroich
Für die kleinen Baumeister freies Spiel und Künstler, die mit ihnen arbeiten. Die beste Architektur für Kinder?

Staatliche Ballettschule Berlin
Der Raum, der Klang, die Bewegung: All das bildet.

Naturkundemuseum Berlin
Sollten nicht irdische Kathedralen für Kinder gebaut werden?

Länge 01:42 Min.

Galerie 2: Hugo – von Kindern lernen

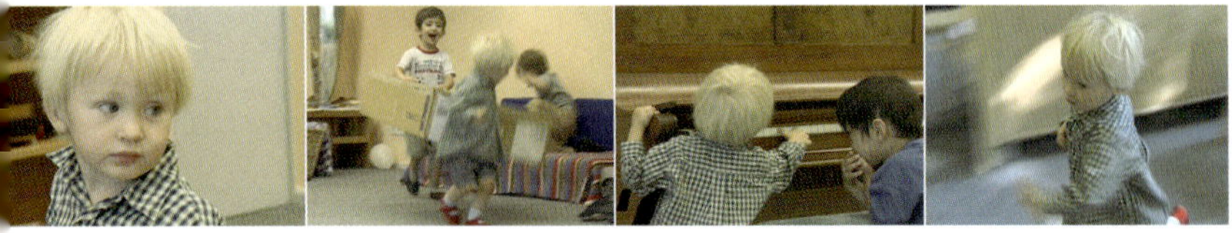

Beobachtungen im Musikkindergarten Berlin

Das ist Hugo. Hugo aus Berlin. Hugo ist noch keine drei Jahre alt. In den Kindergarten geht er heute den vierten Tag. Übrigens existiert sein Kindergarten keinen Tag länger. Er wurde gerade gegründet. Der Musikkindergarten Berlin.

Hugo und sein Kindergarten sind Anfänger. Man möchte, wenn man Hugo so sieht, Platon zitieren. Der schrieb: „Der Anfang ist auch ein Gott, wo er waltet, rettet er alles."

Anfänger wie Hugo können gut beobachten. Anfänger können staunen, entdecken und auch gut denken, weil sie ja nie wissen können, was dabei rauskommt.

Anfänger machen Experimente. Hugo möchte dazugehören und mitmachen. Hugo hat Zeit. Er nimmt sie sich. Das bekommt jedem Talent. Und dann wird Hugo müde. Sein Vater kriegt ihn kaum wach.

Heute sind viele Eltern gekommen. Wie schön: am Vormittag den eigenen Dingen nachgehen und dann eine Art Großfamilie. Das wär's doch.

Länge 02:03 Min.

Galerie 3: Der Raum ist der dritte Pädagoge – die Berliner Kita Kottbusser Tor

Beobachtungen in der Berliner Kita Kottbusser Tor

Mitten in Berlin-Kreuzberg, hinter dem Kottbusser Tor, wurde ein Parkhaus mehr als nötig geplant. Die Ruine wurde dann in eine Kita umgebaut.

Natürlich sind Erzieher wichtig. Natürlich kommt es auf die Pädagogik an. Aber nicht weniger wichtig ist der Raum. Er ist nach den anderen Kindern und den Erwachsenen der dritte Pädagoge.

Die Beschaffenheit des Orts erzählt den Kindern, ob sie willkommen sind oder nur geduldet. Schafft man dort viele Gelegenheiten? Investiert man in ihre Talente, damit sie später mit ihnen wuchern?

In dieser Kita am Kottbusser Tor in Kreuzberg erleben die Kinder, dass Lernen eine Vorfreude auf sich selbst ist. Dafür gibt es auch in Deutschland gute Beispiele.

Länge 01:24 Min.

Galerie 4: Musiker in Kitas

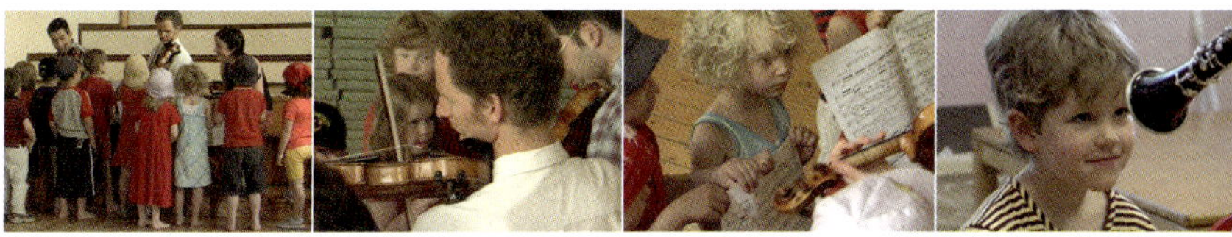

Verschiedene Kitas in Berlin-Schöneberg und Charlottenburg

Musiker der Staatskapelle Berlin schwirren an einem Tag im Juni in Kitas aus. Livemusik. Das haben manche der Kinder vor TV und Playstation noch nicht erlebt. Die Augen dieser Kinder – was sie hören, kann man ja nicht sehen – deuten nur an, was in ihnen wohl vorgeht.

Daniel Barenboim sagt:
„Ich möchte, dass wir wirklich radikal neu denken über die Erziehung von Kindern durch Musik, nicht Musikerziehung, Erziehung von Kindern durch Musik!"

Länge 01:36 Min.

Galerie 5: Auf den Anfang kommt es an – Vorschule in Finnland und Schweden

Eine Vorschulklasse in Jyväskylä, Mittelfinnland

Zum letzten Jahr der freiwilligen Vorschule gehen inzwischen so gut wie alle Sechsjährigen im ganzen Land. Die Lehrerinnen Päivi Innilä und Joanna Suni erklären: „Wichtig ist das positive Prinzip: Jedes Kind kann schon etwas, daran muss man anknüpfen. Man muss die Kinder anspornen und so das Selbstwertgefühl stärken."

15 Kinder, 2 Vorschullehrerinnen und 1 Assistentin in dieser Klasse. Das beeindruckt die Besucher. Vorschullehrer haben studiert.

Eine Lehrerin übt mit einem Jungen Selbsteinschätzung. Noten werden ihm auch die nächsten Jahre nicht begegnen. Er lernt, sich selbst zu prüfen: „Kann ich meine Gefühle zeigen? Mit anderen spielen? Warten, bis ich dran bin?" Auf Fremdbestimmung nicht angewiesen sein, Selbststeuerung kultivieren – solche Übungen werden sich auszahlen.

Stockholm, Vorschule Storskogen

Auch Schweden setzt die Vorschule ganz nach oben auf die Tagesordnung. Jedem Kind wird vom ersten Lebensjahr an ein Platz garantiert. Die meisten schwedischen Vorschulen sind längst keine Kinderverwahreinrichtungen mehr. Von ihnen geht eine neue Bildungsidee aus, die bis ins Hochschulstudium hinein wirkt: Selbstregulierung und Dialog. Es hat sich die Überzeugung durchgesetzt, dass es auf den Anfang ankommt. Die Lehrerin Eva Svedin sagt: „Wir sehen das Kind als einen kompetenten, einzigartigen Menschen, nicht als jemanden, der mit einem leeren Rucksack kommt."

Die Kinder sind stolz auf ihre Bilder und Texte, die sie ihren Lehrern diktiert haben. Das alles sammeln sie in ihren Portfolios. Wenn sie diese durchblättern, erinnern sie sich, erzählt die Lehrerin: „Das habe ich mit drei gemacht, letzten Herbst habe ich damit angefangen. Damals konnte ich noch nicht mehr, jetzt habe ich mich entwickelt."

Dokumentieren, erinnern, reflektieren und vor allem tätig sein, das sind Prinzipien dieser Vorschule. Spiel und erste Anstrengungen gelten nicht als Widerspruch.

Der Künstler des Monats ist gerade van Gogh. Die neue schwedische Vorschule kombiniert Spiel und Lernen. Sie ist poetisch und experimentell.

Schon für die Kleinsten ist die Vorschule eine erste Öffentlichkeit. Sie steht nicht in Konkurrenz zur Familie. Sie ist ein zweiter geschützter Ort für Kinder.

Gunilla Dahlberg, Professorin an der Pädagogischen Hochschule Stockholm: „Kinder sind von Anfang an reiche Kinder. Ohne reiche und kompetente Kinder werden wir arme Pädagogen. Wenn wir dem Konzept „Problemkinder" folgen, das heute auf der ganzen Welt üblich ist, bekommen wir auch arme Eltern. Doch wir brauchen reiche Eltern. Dann können wir uns in der Bildung ergänzen."

Eskil Frank, Vizerektor der Pädagogischen Hochschule Stockholm: „Die besten Pädagogen sollen in der Vorschule arbeiten, denn da können sie so viel zerstören. Das ganze Leben eines Kindes können sie zerstören. Im Gymnasium kann man nicht mehr so viel zerstören. Darum die besten Pädagogen an die Vorschule!"

Länge 04:43 Min.

Galerie 6: Intermezzo: Spiel, Freude, Disziplin, Leistung

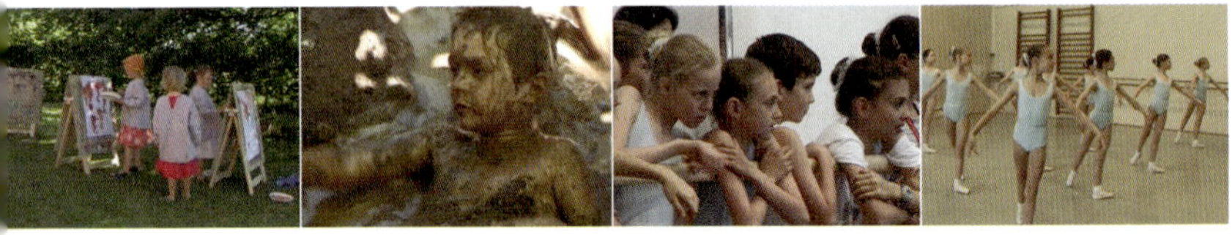

Ein filmisches Intermezzo ohne Worte

Spiel
Kinder Insel Hombroich: Einige malen, andere bauen mit Sand, Wasser und ihren Körpern.

Freude, Disziplin, Leistung
Kinder bewegen sich in der Staatlichen Ballettschule Berlin und Schule für Artistik, Berlin.

Länge 00:58 Min.

Galerie 7: Von der Betreuung zur Bildung – 1. McKinsey-Bildungswerkstatt

In Berlin Prenzlauer Berg wurde die Elias-Kirche geschlossen und in ein Museum für Kinder umgewandelt, das MACHmit! Museum.

Dort fand die McKinsey-Bildungswerkstatt zum Thema „Chancengerechtigkeit, Sprachförderung und Elternbildung" statt. Jürgen Kluge stellt zunächst den Zusammenhang von Wissen, Innovation, Wachstum und Wohlstand her. Bildung ist die Basis von allem. Wenn das Bildungssystem verarmt, wird am Ende das Land verarmen. Bildung, so Kluge, trifft uns ins Mark.

Die Patin und Moderatorin der Werkstatt, Maybrit Illner, weist darauf hin, dass kein Industriestaat es sich leistet, so nachlässig mit seinen Talenten umzugehen, wie Deutschland das tut. „Einmal Kellerkind heißt immer Kellerkind." Bischof Wolfgang Huber, der Ratsvorsitzende der EKD, kritisiert, dass bei den kleinen Kindern bisher gar nicht an Bildung, sondern nur an Betreuung gedacht wurde.

„Wir müssen einen wirklichen Paradigmenwechsel vollziehen", betont der Bischof, „von der Betreuung zur Bildung, von der Perspektive der Erwachsenen zur Perspektive der Kinder."

Dass Lernen die Passion der Kinder ist, zeigt schon ein kurzer Blick in die Berliner Kita in der Schillerstraße.

In der Bildungswerkstatt unterstreicht die Lehr-/Lernforscherin Elsbeth Stern, dass Kinder „durch gezielte Spracherfahrungen ein Wissensfundament aufbauen, das ihnen später den Zugang zu anspruchsvollen Inhalten erleichtert". Deshalb müssen die Pädagogen in Kitas über hohe sprachliche Kompetenzen verfügen.

Länge 03:20 Min.

Galerie 8: Die Warum-Frage – 2. McKinsey-Bildungswerkstatt

Naturwissenschaftler schwirren in Kitas aus. Sie machen den Erziehern Vorschläge zur Beantwortung der 1.000 Kinderfragen. Zum Beispiel: Wie geht Fliegen? Man fragt sich, warum ist es nicht der Normalfall, dass Experten in Kitas gehen und Spaß daran haben, sich verständlich zu machen?

Bei der McKinsey-Bildungswerkstatt „Kinder sind Forscher und Entdecker" im Berliner Naturkundemuseum sagt Gisela Lück, Professorin für Didaktik der Chemie an der Universität Bielefeld: „Ich bin mir ganz sicher, dass jeder, als er fünf oder sechs war, Warum-Fragen gestellt hat, die er heute nicht mehr stellen kann. Ich vermute, dass je nachdem, welche Resonanz diese Fragen bei den Erwachsenen gefunden haben, aus ihnen eine naturwissenschaftlich interessierte Person geworden ist oder nicht."

Wie schaffen es Kitas, die Kinder zum Forschen herauszufordern? Welche Effekte helfen ihnen auf die Sprünge? Es kommt auf die Haltung an. Neugier braucht Wege und auch Umwege.

Die Nobelpreisträgerin Christiane Nüsslein-Volhard, Direktorin am Max-Planck-Institut für Entwicklungsbiologie, wird oft gefragt, wie sie zur Wissenschaft gekommen sei. Ihre Antwort: „Meine Eltern waren es nicht", sie waren naturwissenschaftlich nicht besonders interessiert, „aber natürlich kannte meine Mutter alle Pflanzen, die wir auf den Spaziergängen im Wald fanden."

Friedrich Wilkening, Leiter der Abteilung für Allgemeine und Entwicklungspsychologie an der Universität Zürich, berichtet von seinen Forschungen über das Wissen der Kinder. Er fand dabei „ein Wissen, das man bisher nicht für möglich gehalten hatte, man kann es durchaus als genial bezeichnen“. Über dieses Wissen verfügen alle Kinder, „wir haben praktisch keine Ausnahmen gefunden“.

Die Experten stimmen überein: Interesse ist nicht direkt abrufbar. Neugier und Forschergeist muss man indirekt herausfordern. Sie brauchen Atmosphären und Gelegenheiten. Dann setzt bei Kindern ein Sog ein. Sie wollen es genauer wissen. So zum Beispiel Kinder, die mit dem Keimen von Erbsen experimentieren. Sie untersuchen, ob diese auch in Lehm keimen. Wie viel Wasser ist zu viel und wie viel Wasser ist zu wenig? Es zeigt sich, dass die Dinge selbst Antworten geben, wenn man nur lernt, sie zu fragen.

In einer Expertenrunde stellt Ekkehard Winter von der Deutschen Telekom Stiftung klar, dass es nicht darum geht, schon im Kindergarten „Techniker und Ingenieure zu züchten“. Programme, die seine Stiftung unterstützt, fangen nicht mit Chemie, Physik oder gar Elektrotechnik an. „Wir schaffen Zugänge, Naturbeobachtungen, Gelegenheiten.“ Diese führen dann auch zu überraschenden Querverbindungen, etwa in der Sprachentwicklung.

Länge 04:19 Min.

Galerie 9: Wer erzieht wie? – 3. McKinsey-Bildungswerkstatt

Die 3. McKinsey-Bildungswerkstatt hatte die Weiterbildung von Erziehern zum Thema. Sie stand ganz im Zeichen von Daniel Barenboim, dem Paten der Veranstaltung und Hausherrn der Staatsoper Unter den Linden. Auf die Frage nach den „Erziehern“ erinnert er an einen häufig unterschätzten Miterzieher: die Musik.

Mit Musik beginnt auch dieser Kurzfilm. Musiker der Staatsoper spielen unter der Leitung von Barenboim für die Kinder. Er möchte, „dass wir die Kinder nicht nur zur Musik bringen, sondern durch die Musik zum Leben bringen und dass dann die gleichen Kinder weiter die Revolution machen, dass sie in die Schule gehen und fragen: Wo ist die Musik?"

Musik werde oft als ein Mittel gesehen, um vieles zu vergessen: „Man kommt nach Hause, müde, trinkt einen doppelten Whiskey und vergisst sich in der Musik, ja, ist auch sehr schön." Barenboim besteht darauf, dass Musik noch etwas ganz anderes ist: „Über den Menschen und über die Welt durch den Klang zu lernen, dass nichts so bleibt, wie es ist. Jeder Augenblick ist unwiederholbar." Wenn die Streicher im Kindergarten aufspielen, sieht man den Kindern an, was es heißt, die Einmaligkeit und die Kostbarkeit des Augenblicks zu erfahren.

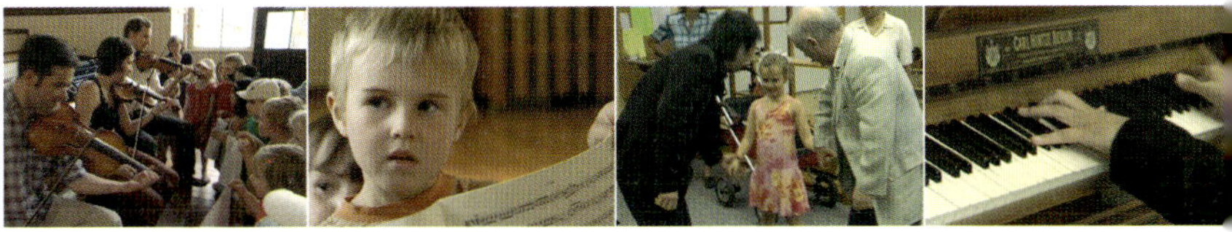

Der Erziehungswissenschaftler Gerd E. Schäfer zeigt und interpretiert ein Forschungsvideo, auf dem man einen noch nicht Dreijährigen mit der Schwerkraft experimentieren sieht. Er beobachtet ein Stäbchen, das er immer wieder in eine Knetgummimasse steckt. Schäfer: „Kinder bilden sich eben nicht von selbst, sie brauchen eine Sache, an der sie sich abarbeiten können, und dazu gehören Leute, die von den Sachen etwas verstehen. Damit meine ich nicht belehren."

Was ist Erziehung? Das, was Erwachsene tun, um Kinder in ihre Welt hineinzuziehen. Aber wer sind die professionellen Erzieher? Wie steht es um die Qualität ihrer Ausbildung?

Antworten aus der Schlussdiskussion: „Die wenigen an den Unis, die sich überhaupt mit frühkindlicher Bildung beschäftigen, haben nicht die Kompetenz, praxisorientiert auszubilden." (Stefan Sell, Fachhochschule Koblenz)

„Wir wissen doch, dass dieser frühpädagogische Beruf, so wie er angelegt ist, in eine Sackgasse läuft." (Günter Gerstberger, Robert Bosch Stiftung)

„Die Kultusministerkonferenz in ihrer ganzen Würde hat sich erstmals im letzten Jahr mit Kitas als Bildungseinrichtungen beschäftigt." (Klaus Böger, Senator für Bildung, Berlin)

Länge 03:35 Min.

Galerie 10: Neugier stimulieren, Sinne öffnen, Verstand schärfen – 4. McKinsey-Bildungswerkstatt

Die 4. McKinsey-Bildungswerkstatt zum Thema „Qualität“ fand in der Artisten- und Ballettschule Berlin statt. Hier wird unmittelbar klar, dass Bildung nicht nur die Sache einer körperlosen Intelligenz sein kann. Der McKinsey-Berater Michael Kloss ist beeindruckt, „einen Raum zu erleben, in dem Menschen leben, gebildet und ausgebildet werden. Mit den drei Säulen Anmut, Würde und Fleiß.“

„Qualitätsunterschiede im Kindergarten machen bis zu einem Jahr Entwicklungsunterschied bei Kindern aus“, sagt Wolfgang Tietze, Professor für Erziehungswissenschaft mit dem Schwerpunkt Kleinkindpädagogik an der Freien Universität Berlin. In seiner Studie konnte er auch noch vier Jahre nach einer ersten Stichprobe bei Grundschülern Wirkungen finden, die sich nur aus der Qualität des Kindergartens erklären ließen. Das betrifft gleichermaßen das Sozialverhalten wie die Leistung.

Was macht Qualität in Kitas aus? Die Neugier stimulieren und ihr Futter bieten. Die Sinne öffnen und den Verstand schärfen. Dafür sorgen, dass jedes Kind die Sprache lernt und schließlich erfahren kann, dass die Lust am Lernen auf die Lust am eigenen Leben hinausläuft.

„Letztendlich entscheidet die Fachkraft vor Ort, welche Qualität von Erziehung die Kinder genießen können“, ist eine Quintessenz der Forschungen von Wassilios E. Fthenakis.

„Das Lernen beginnt mit der Geburt, vielleicht schon vor der Geburt“, fügt John Bennett von der OECD hinzu und: „Im frühen Kindesalter werden die Grundlagen für das lebenslange Lernen gelegt. Deshalb ist zu hoffen, dass in 10 oder 20 Jahren das Wohl der Kinder und das Lernen im Mittelpunkt stehen werden.“

Zum Schluss unterstreicht Michael Kloss noch einmal, was in Deutschland inzwischen viele wissen, was aber noch längst nicht im Bildungssystem befolgt wird: „Je früher Qualität produziert wird, desto weniger muss man später korrigieren.“

Länge 03:16 Min.

Geschirr zerdeppern und Theater spielen – Johann Wolfgang von Goethe über seine frühen Jahre

Vorgetragen von Corinna Kirchhoff

Die Schauspielerin Corinna Kirchhoff liest Episoden aus Goethes „Dichtung und Wahrheit".

Eine Leseprobe:

An einem schönen Nachmittag, da alles ruhig im Haus war, trieb ich im Geräms mit meinen Schüsseln und Töpfen mein Wesen, und da weiter nichts dabei herauskommen sollte, warf ich ein Geschirr auf die Straße und freute mich, dass es so lustig zerbrach. Die von Ochsenstein, welche sahen, wie ich mich daran ergötzte, daß ich so gar fröhlich in die Händchen patschte, riefen: „Noch mehr!" Ich säumte nicht, sogleich einen Topf und auf immer fortwährendes Rufen „Noch mehr!" nach und nach sämtliche Schüsselchen, Tiegelchen, Kännchen gegen das Pflaster zu schleudern. Meine Nachbarn fuhren fort ihren Beifall zu bezeigen und ich war höchlich froh, ihnen Vergnügung zu machen. Mein Vorrat war aber aufgezehrt, und sie riefen immer „Noch mehr!". Ich eilte daher stracks in die Küche und holte die irdenen Teller, welche nun freilich im Zerbrechen noch ein lustigeres Schauspiel gaben. Und so lief ich hin und wider, brachte einen Teller nach dem anderen, wie ich sie auf dem Topfbrett der Reihe nach erreichen konnte, und weil sich jene so gar nicht zufrieden gaben, stürzte ich alles was ich vom Geschirr erschleppen konnte, in gleiches Verderben. Nur später erschien jemand, zu hindern und zu wehren. Das Unglück war geschehen, und man hatte für so viel zerbrochene Töpferware wenigstens eine lustige Geschichte, an der sich besonders die schalkischen Urheber bis an ihr Lebensende ergötzten.

Länge 13:30 Min.

19 Argumente für die Kinder, das Lernen und eine erneuerte Frühpädagogik – die Kernthesen der 19 dokumentierten Vorträge (mit DVD-Kapiteln)

Daniel Barenboim,
Generalmusikdirektor der Staatsoper Unter den Linden, Berlin

Nicht Musikerziehung, Erziehung durch Musik!

Daniel Barenboim erinnert sich an die kleine Wohnung seiner Eltern in Buenos Aires. Als Kind glaubte er, alle Menschen spielten Klavier. Denn immer, wenn es klingelte, stand jemand an der Tür, der zu seiner Mutter oder zu seinem Vater zum Klavierunterricht kam. Das Wunderkind gab mit sieben Jahren sein erstes Konzert. Heute ist er Generalmusikdirektor an der Staatsoper Unter den Linden in Berlin.

In seinem Vortrag bei der 3. McKinsey-Bildungswerkstatt, der auf der DVD vollständig dokumentiert wird, kommt Barenboim von persönlichen Erinnerungen bald zu seinem großen Thema: Musik ist ein Ausdruck des Lebens. Sie sollte das Medium einer Lebensschule sein. Aber Musik könne auch als ein Mittel zum Ausweichen vor dem Leben benutzt werden: „Man kommt nach Hause, müde, trinkt einen doppelten Whiskey, legt eine Platte auf, Musik zum Kuscheln, Musik für dies und Musik für das. Man vergisst, was den ganzen Tag gelaufen ist, man vergisst sich in der Musik, ja, ist auch sehr schön ..." Aber das könne doch nicht alles gewesen sein, sagt der Pianist und Dirigent: „Platten, Kassetten und Videos sind ein künstliches Medium. Tatsächlich erfährt man in der Musik, dass nichts so bleibt, wie es ist. Jeder Augenblick ist unwiederholbar." An der Musik bilde sich der Geschmack für die Einmaligkeit von Ereignissen und für die Kostbarkeit eines jeden Augenblicks. „Sie schafft ständig Beziehungen zwischen den Inhalten und der Zeit." Ist es der Größe dieses Mediums angemessen, wenn Kinder mit dem Lernen von Tonleitern abgespeist werden?

„Ich möchte, dass wir wirklich radikal neu denken: nicht Musikerziehung, sondern Erziehung von Kindern durch Musik!"

Dazu müsse zunächst das Hören wieder zu seinem Recht kommen. Es steht am Anfang des menschlichen Bildungsprozesses. Embryos können nach 45 Tagen bereits hören, „aber kommt das Kind auf die Welt, sagt man ihm: Vergiss dein Ohr, das ist unwichtig. Willst du über die Straße gehen, guck nach links, guck nach rechts, sonst wirst du überfahren. Es ist, als ob jeder Mensch heutzutage eine Spritze bekommt, damit er nicht mehr zuhört."

Der vollständige auf der 3. Bildungswerkstatt gehaltene Vortrag auf DVD 1
Siehe dort auch ein Gespräch mit Daniel Barenboim im Menü „Interviews"

Länge 27:30 Min.

Kapitel des Vortrags können auf der DVD einzeln ausgewählt werden

1. *Wie Daniel Barenboim zur Musik kam und die Internationalisierung der Musik*
2. *Nationalismus und Musik*
3. *Die Musik hat in der Gesellschaft an Einfluss verloren*
4. *Was ist der Inhalt von Musik?*
5. *Hören oder zuhören: der Reichtum der Musik*
6. *Inhalt und Zeit: Erziehung durch Musik*

John Bennett, M.Ed., Ph.D.
OECD, Paris

Einen starken Anfang machen

Warum interessiert sich die Organisation für wirtschaftliche Zusammenarbeit und Entwicklung, OECD, so sehr für Lernen, Schule und Vorschule? Weil Bildung inzwischen die wichtigste Produktivkraft geworden ist. Deshalb führt die OECD die PISA-Studien durch und deshalb befasst sie sich mehr und mehr mit dem Lernen in den frühen Jahren.

John Bennett ist in Irland aufgewachsen. Er war viele Jahre Direktor des Bereichs Early Childhood and Family der UNESCO. Jetzt ist er bei der OECD Senior-Berater für die Early Childhood Policy Review. Mit seinen Kollegen beschrieb er die Vorschuleinrichtungen in verschiedenen Ländern in der Studie: „Starting Strong: Early Childhood Education and Care". In seinem Vortrag berichtet er davon, dass es auch der OECD zunächst vor allem um Kinderbetreuung als Voraussetzung für die Beschäftigungsmöglichkeit von Frauen ging. Aber mehr und mehr tritt das Lernen ins Zentrum: „Das Lernen beginnt mit der Geburt, vielleicht schon vor der Geburt. Im frühen Kindesalter werden die Grundlagen für das lebenslange Lernen gelegt. Deshalb ist zu hoffen, dass in 10 oder 20 Jahren das Wohl der Kinder und das Lernen im Mittelpunkt stehen werden."

Bennett und seine Kollegen bemängeln, dass in Deutschland zu wenig Geld in Kindergärten investiert wird. Es sind nur 0,6 Prozent des Bruttoinlandsprodukts. Ohne die Elternbeiträge und die Zuschüsse der Träger sind es sogar nur 0,4 Prozent. Das ist deutlich weniger als in anderen Ländern. Andere Defizite sieht die OECD in der unzureichenden Integration von Kindern aus sozial schwachen Familien und mit Migrationshintergrund. Bemängelt werden die Ausbildung und der geringe Status der Erzieher.

Als besondere Stärke der Kindertagesstätten in Deutschland hebt Bennett den umfassenden Ansatz aus Betreuung, Erziehung und Bildung hervor. Er warnt davor, dieses integrierte pädagogische Konzept zu Gunsten stärkerer Verschulung aufzugeben. Zumal bei kleinen Kindern müssten „das Kognitive und das Affektive zusammenkommen". Lob bekommen die neuen Bundesländer. Dort beträgt die Versorgungsquote bei Kindern unter drei Jahren 37 Prozent. 100 Prozent der Kinder werden dann in einem Kindergarten angemeldet.

Wichtig sei ein Gesamtkonzept für die Bildung. Die verantwortlichen Institutionen müssen zusammenarbeiten – wie in Skandinavien: „Alle schauen voller Neid auf Finnland. 20 Prozent der Grundschüler nehmen an zusätzlichem Förderunterricht teil. Es wird penibel darauf geachtet, dass kein Kind die Grundschule verlässt, ohne richtig lesen und rechnen zu können. Vom Kleinkindalter bis zum Schulalter müssen Kinder in einem kontinuierlichen Prozess gefördert werden."

Ausschnitte aus dem auf der 4. Bildungswerkstatt gehaltenen Vortrag auf DVD 2

Länge 16:00 Min.

Kapitel des Vortrags können auf der DVD einzeln ausgewählt werden

1. *Warum interessiert sich die OECD für Kindergärten?*
2. *Acht Empfehlungen der Kindergartenstudie*
3. *Deutsche Kindergärten sind gar nicht so schlecht*
4. *Die große Bedeutung der Kindergärten*
5. *Ausbildung und Arbeit von Erzieherinnen und Erziehern*

Dr. Warnfried Dettling,
Publizist, Berlin

Eine Politik des Mentalitätswandels

In der Bildung verdichten sich Überzeugungen und Denkweisen der ganzen Gesellschaft. Der Mentalitätswandel ist das Thema von Warnfried Dettling. Der Publizist war Ministerialdirektor im Familienministerium, als Heiner Geißler Minister war. Zuvor war er Leiter der Hauptabteilung Politik in der CDU-Geschäftsstelle. Heute schreibt Dettling in der taz, der ZEIT und anderen renommierten Blättern.

In Deutschland sieht er viele Menschen mit Landkarten, die längst nicht mehr stimmen. „Das Schlimmste in unübersichtlichem Gelände sind falsche Karten, schlimmer als gar keine. Ohne Karten passt man auf, wird neugierig, fragt, denkt nach und revidiert sich."

Auf einer dieser vergilbten Karten ist der Platz der idealen Mutter immer noch zu Hause. Imaginäre Statistiken legen auch nahe, dass Mütter, die zu Hause bleiben, den Arbeitsmarkt entlasten. Eine scharfe Grenze wird zwischen dem Staat und den Unternehmen gezogen: „Die Bildung und das Soziale sind demnach so kostbare Güter, dass sie in den reinen Händen des Staates am besten aufgehoben sind. Von Markt und Wettbewerb würden sie verdorben."

Tatsächlich können auch die besten Familien ihren Kindern vieles gar nicht bieten, was im öffentlichen Raum an Anregungen möglich ist. Tatsächlich werden in Ländern, in denen mehr Frauen berufstätig sind, auch mehr Kinder geboren. Tatsächlich sind dort weniger Menschen arbeitslos und die Wirtschaft wächst stärker.

Den Kern des anstehenden Mentalitätswandels sieht Warnfried Dettling in der „Anerkennung, ja der Lust an Vielfalt und Verschiedenartigkeit". Die lange verdächtige „Heterogenität ist die Voraussetzung für den Erfolg in Kindergärten, Schulen und Unternehmen". Dettling verweist auf den amerikanischen Soziologen Richard Florida. In seinem Buch „The Rise of the Creative Class" nennt dieser Technologie, Talente und Toleranz als Erfolgsfaktoren für Standorte. Diese drei „T" förderten das Entstehen einer kreativen Klasse. In Deutschland sieht Dettling noch zu viel Glauben an Homogenität und Selektion. Beides schade einer Wissensgesellschaft.

„Wir sind Meister im Sortieren. Kinder kommen in Scheinwelten. Übrig bleiben homogene Gruppen." Diese aber bildeten keine Biotope für Kreativität. Nötig sei ein „Management of Diversity" in Kindergärten, in Schulen und ebenso in Unternehmen.

Der verlangte Mentalitätswandel sei weltweit im Gange. „Wenn in den USA ein Drittel aller Väter unter 35 sich genauso viel um ihre Kinder und um ihre Familien kümmert, wie es die Mütter tun, dann liegt das auch daran, dass junge Männer mit alten Mentalitäten auf dem Beziehungsmarkt schlechtere Chancen haben."

Ein Beispiel für den Wandel der Mentalitäten ist für Warnfried Dettling die Initiative *McKinsey bildet.* Wenn sich das Establishment mit vermeintlichen Randgruppen verbünde, könne etwas Neues entstehen: „Fortschritt und Mentalitätswandel gibt es nur, wenn man die Bildung nicht den Lehrern überlässt, die Politik nicht den Politikern und die Unternehmen nicht den Betriebswirten."

Ausschnitte aus dem auf dem Bildungskongress gehaltenen Vortrag auf DVD 2

Länge 19:30 Min.

Kapitel des Vortrags können auf der DVD einzeln ausgewählt werden

1. *Wir brauchen eine Politik des Mentalitätswandels*
2. *Mutter zu Hause: der deutsche Erziehungsmythos*
3. *Mainstream und kreative Randgruppen: ein neues Bündnis*
4. *Deutschland: ein Meister der Selektion*
5. *Diversity bringt Vorteile*

Prof. Dr. Karl Max Einhäupl,
Direktor der Klinik für Neurologie an der Charité Berlin, Humboldt-Universität zu Berlin. Mitglied des Wissenschaftsrats und bis Anfang 2006 dessen Vorsitzender

Die Krise der Bildung

Immer wieder sei in der Presse zu lesen, dass wir bald in der Wissensgesellschaft leben werden und dass schon jetzt Bildung die bedeutendste Zukunftsinvestition sei. Diese Prosa kennt der Vorsitzende des Wissenschaftsrats auch aus den Sonntagsreden der Politiker. Die von Max Einhäupl erlebte Realität steht dazu in krassem Gegensatz. Auch seine Kollegen klagen, ihre Studenten seien immer weniger „studierfähig". Allein deshalb fordert er dazu auf, zu überlegen, wie vorhandene Potenziale durch bessere Bildung bereits in der Kindheit geweckt werden könnten.

Die Verhältnisse in den USA sollten eine Warnung sein. „Sie sind schon seit vielen Jahren nicht mehr in der Lage, den Bedarf an Wissenschaftlern aus ihrem Land zu decken. Sie sind darauf angewiesen, dass 50 Prozent der Wissenschaftler, die heute in den USA tätig sind, aus anderen Ländern, überwiegend aus Europa und aus Asien, kommen." Steht dieses Problem auch Deutschland bevor? Zumal angesichts der demographischen Entwicklung? Einhäupl verlangt eine Debatte: „Welche Strukturen müssen wir schaffen, um das zu vermeiden?"

Auch die Wissenschaft müsse zur Lösung dieser Fragen viel mehr beitragen als bisher. Einhäupl zitiert eine Untersuchung des Wissenschaftsrats, die in den deutschen Erziehungswissenschaften „massivste Defizite" fand. Das müsse sich ändern. Von der Hirnforschung erwartet der Neurologe wenig unmittelbaren Nutzen für die Arbeit der Pädagogen. Da fehlten noch viele Studien. Allerdings sei bei allen Ansprüchen an die Wissenschaften zu bedenken, „dass wir in Deutschland die Universitäten in den letzten Jahrzehnten massiv vernachlässigt haben.

Sie befinden sich in einer für mich mittlerweile existenziellen Krise, teilweise durch die Unterfinanzierung der Universitäten, teilweise durch die Überkapazitäten, die sie bewältigen müssen."

Während Deutschland im Jahr 2004 etwa zwei Millionen Studierende hatte, wird die Zahl bis 2014 auf über zweieinhalb Millionen steigen. Ein Viertel mehr. „Wir müssen mehr Studenten an die Universitäten bringen. Wir brauchen eine höhere Akademisierungsrate. Auch aus wirtschaftlichen Gründen. Und es müssen besser ausgebildete Studierende sein. Die gesamtstaatliche Betrachtung von Wissenschaft, Forschung und Bildung muss auch weiter ein Gebot in diesem Lande bleiben. Es kann nicht sein, dass wir in 16 Bundesländern partikularisierte Bildungs-, Forschungs- und Wissenschaftsbetrachtungen haben, während von der nationalen Bühne dieses Thema mehr oder weniger verschwindet."

Ausschnitte aus dem auf dem Bildungskongress gehaltenen Vortrag auf DVD 2

Länge 06:30 Min.

Kapitel des Vortrags können auf der DVD einzeln ausgewählt werden

1. *Bildung: nur eine Sonntagsrede?*
2. *Bildungshoffnung Neurowissenschaft?*

Prof. Dr. Dr. Dr. h. c. mult. Wassilios E. Fthenakis,
Direktor des Staatsinstituts für Frühpädagogik in München (bis Februar 2006),
Professor der Freien Universität Bozen

Mit Bildungsplänen Orientierung schaffen

Für Wassilios Fthenakis ist das deutsche Bildungssystem auch deshalb so ineffizient, weil es sich noch nicht von einem Bildungsverständnis gelöst hat, das er sonst in keinem Land der Welt mehr so ausgeprägt findet: Kindergärten, verschiedene Schultypen, Hochschulen und Weiterbildung driften wie Schollen nebeneinander her. Fthenakis nennt das „dekontextuell" und „inkonsistent".

Seit Mitte der 90er Jahre werde die Vorschule international als das Fundament des Bildungssystems gesehen. Bildungspläne, die mit Kleinkindern beginnen, seien darauf eine Antwort. Als Fthenakis vor einigen Jahren als erster in Deutschland solch einen Bildungsplan entwickelt hatte, erntete er Entrüstung, als wolle er die Schule im Kindergarten einführen. Jetzt stellt er fest, dass kein Bundesland mehr ohne einen Bildungsplan ist.

Das oberste Bildungsziel sei ein positives Selbstkonzept der Lernenden. Bildungspläne sollten sich weder auf eine Institution noch auf eine Lebensphase beschränken. Sie müssten auch in Rechnung stellen, dass der Beitrag der Institution begrenzt ist. Die ganze Gesellschaft erziehe. „Aber die meisten Bildungspläne unterliegen einer feudalen Philosophie, nach der der Staat immer noch weiß, was die Bildung seiner Kinder sein soll und wie sie sein soll, und dies auf dem Weg der Verordnung weitergibt." Es werde Zeit, „dass das System lernt, sich selbst demokratisch zu verhalten".

Weil in Deutschland zwischen Bildung und Erziehung so strikt unterschieden werde, könne Bildung als ein überwiegend individuumzentrierter Ansatz konstruiert werden. Das bedeute im Extrem: Das Individuum bildet sich selbst. Da bleibe zu wenig Raum für kommunikations- und medienkompetente Kinder. Es gelte vielmehr, sich Kinder als kreative und phantasievolle Künstler vorzustellen. Die Erwachsenen müssten ihnen helfen, aktive Lerner, Forscher und Entdecker sein zu können und verantwortungsvoll und wertorientiert zu handeln. „Eine Bildung, die keine Philosophie hat, die keine Dimension entwirft, worauf sie hinaus will, ist ein technokratisches Instrument, dessen Wirkung im Grunde genommen ausbleibt."

Am wichtigsten und buchstäblich grundlegend sei die Stärkung der metaemotionalen Kompetenz. Sie entwickele sich in den ersten acht Jahren. Fthenakis gibt ein Beispiel: Sagt eine Erzieherin zu einem Kind, das traurig oder belastet ist: „Komm zu uns und spiel mit uns" oder lässt sie sich auf das Kind ein, akzeptiert sie, dass es traurig ist und versucht sie, in einen Dialog mit ihm einzutreten? Die metaemotionale Kompetenz, so Fthenakis, ist eine Grundkompetenz für das Leben.

Ausschnitte aus dem auf dem Bildungskongress gehaltenen Vortrag auf DVD 2

Länge 21:50 Min.

Kapitel des Vortrags können auf der DVD einzeln ausgewählt werden

1. *Bildung im Kontext sehen*
2. *Bildungspläne der ersten und zweiten Generation*
3. *Warum zwischen Bildung und Erziehung unterscheiden?*
4. *Das Ziel: starke Kinder*
5. *Metaemotionale Kompetenz*
6. *Eine Philosophie für Bildung entwerfen*

Bischof Prof. Dr. Wolfgang Huber,
Bischof der Evangelischen Kirche in Berlin-Brandenburg und Ratsvorsitzender der EKD

Chancengerechtigkeit von Anfang an

Bischof Huber spricht in den Räumen einer ehemaligen Kirche am Prenzlauer Berg in Berlin. Nun hat diese Räume das MACHmit! Museum bezogen, eine Art Labor, in dem Kinder die Welt erkunden sollen. Hier fand die 1. McKinsey-Bildungswerkstatt statt. Wolfgang Huber plädiert für „ganzheitliche Bildung". Das sei für ihn noch der beste Begriff. Bildung beginne vielleicht schon vorgeburtlich, in jedem Fall aber mit der Geburt, und sie solle danach nicht mehr aufhören. Warum, fragt er sich, sei die Idee für Elementarerziehung erst mit den Kindergärten vor 200 Jahren aufgekommen? Und warum werde erst heute die „Bildung von Anfang an", also schon für die Kleinsten, entdeckt und damit die überragende Bedeutung des Anfangs begriffen?

Aber es drohten neue Einschränkungen für eine umfassende Bildung. Huber fürchtet eine kognitive Verengung, die das Affektive ausspare. Er wehrt sich auch gegen eine Reduktion von Bildung auf „Humankapital" und merkt an, dass ökonomische Verkürzungen am Ende auch dem Humankapital nicht zuträglich seien. Für ihn bedeute „Bildung von Anfang an" auch Würde von Anfang an. „Bildung hat ihren Ursprung, wo der Mensch als das Ebenbild Gottes angeschaut wird und in ihm das ausgebildet werden soll, was in diesem Bild immer schon enthalten ist." Es komme also auf das Bild von dem an, was Menschen sein könnten. Man dürfe Menschen niemals nur als Objekte ansehen. Was aber heißt Subjekt? Huber erinnert an Immanuel Kant. Der Philosoph schrieb, dass man den Menschen niemals nur als Mittel zum Zweck, sondern stets zugleich als Zweck in sich selbst betrachten müsse.

Bildung habe auch Orientierung zu vermitteln. Auch hier gehe es um einen weit gefassten Begriff. Sie solle nicht auf Verfügungswissen eingeschränkt werden. Bildung bedürfe der Chancengerechtigkeit. Jedes Kind müsse die Grundlage aller weiteren Bildung bekommen, vor allem müsse es lernen, die Muttersprache gut zu beherrschen. Darauf baue alles Weitere auf. Er zitiert Martin Luther: „Die Sprache ist die Scheide, in der das Messer des Geistes steckt." Damit die Kitas all dem gerecht werden können, verlangt Bischof Huber einen Paradigmenwechsel: „Von der Betreuung zur Bildung und von der Perspektive der Erwachsenen zur Perspektive der Kinder".

Ausschnitte aus dem auf der 1. Bildungswerkstatt gehaltenen Vortrag auf DVD 2

Länge 17:44 Min.

Kapitel des Vortrags können auf der DVD einzeln ausgewählt werden

1. *Ein ganzheitliches Bildungsverständnis*
2. *Menschen nie als Mittel ansehen*
3. *Würde von Anfang an*
4. *Schon vorgeburtlich beginnt die Bildung*
5. *Von der Betreuung zur Bildung*

Agneta Karlsson,
Staatssekretärin im Schwedischen Bildungsministerium

Wie Schweden der Vorschule grosse Bedeutung gibt

In den meisten schwedischen Familien sind beide Elternteile berufstätig. Auch Alleinerziehende arbeiten in der Regel. Das ist Konsens in der Gesellschaft. Die Politik soll dafür die Voraussetzungen schaffen. Ein anderes Ziel heißt: Beide, Mütter und Väter, sollen gleichermaßen Zeit für die Erziehung der Kinder haben und Verantwortung übernehmen können. Sind Berufstätigkeit und Zeit für Kinder nicht eine Quadratur des Kreises? Nein, sagt Agneta Karlsson, Staatssekretärin im Schwedischen Bildungsministerium. Das zu ermöglichen, sei eine Aufgabe der Politik.

In Schweden sollen alle Familien Zugang zu den vorschulischen Einrichtungen haben. Man spricht inzwischen zumeist von Vorschulen, zu unterscheiden von „Vorschulklassen" oder der „Klasse Null", die in Schulen angesiedelt sind. Die Plätze sollen erschwinglich und von guter Qualität sein. Die politische Vorgabe heißt: Allen Eltern mit Kindern bis zum Alter von zwölf Jahren soll auf diese Weise eine vollzeitige Berufstätigkeit ermöglicht werden. Seit 1970 wurde das Kinderbetreuungsprogramm von 70.000 auf 700.000 Plätze ausgebaut. Die Kinder gehen in der Regel im Alter zwischen eineinhalb und zwei Jahren in den Kindergarten. Durchschnittlich verbringen sie dort 30 Stunden in der Woche. Dafür wendet das Land knapp 2 Prozent des Bruttoinlandsprodukts auf. Der Anteil der Kosten, der über Elternbeiträge finanziert wird, ist von 18 im Jahr 2001 auf 10 Prozent im Jahr 2003 gesunken. Im Laufe der Jahre wurde Bildung gegenüber Betreuung ständig in den Vordergrund gerückt. 1996 ist die Zuständigkeit vom Gesundheits- und Sozialministerium an das Bildungsministerium gegangen. „Jetzt ist die Vorschule die erste Sprosse einer lebenslangen Lernleiter", sagt Agneta Karlsson.

Manche Vorschulen legen ihren Schwerpunkt auf die Sprachentwicklung der Kinder. In anderen verbringen die Kinder den ganzen Tag im Freien. Wieder andere betonen künstlerische Fähigkeiten. Der nationale Lehrplan nennt nur die Grundwerte und Ziele: Bildung und Betreuung sollen Hand in Hand gehen; die Vorschule soll Spaß machen, Sicherheit geben und voller Lernmöglichkeiten sein; Kinder werden ermutigt, Fragen zu stellen, Hypothesen zu bilden und Theorien aufzustellen. Ihre Vorstellungskraft und Denkfähigkeit werden herausgefordert.

Heute machen weder die Zahl der Plätze noch die Elternbeiträge den Schweden größere Sorgen. Das Hauptthema ist jetzt die Verbesserung der Qualität und die Weiterentwicklung der Vorschulpädagogik. Die durchschnittliche Gruppengröße liegt derzeit bei 17 Kindern. 5,4 Kinder kommen auf einen Betreuer. Das Personal wurde zumeist dreieinhalb Jahre an Hochschulen ausgebildet. Es hat den Status von Lehrern. Darüber hinaus gibt es auch noch andere Betreuer. Seit der kürzlich reformierten Lehrerausbildung ist für alle Lehrer – von der Vorschule bis zur Oberstufe – das erste Studienjahr gleich. Dann entscheiden sie sich, welche Art Lehrer sie werden wollen. Die Gehälter der Vorschullehrer steigen. „Wir versuchen, allen Lehrern den gleichen Status zu geben. Unser langfristiges Ziel", sagt Agneta Karlsson, „ist eine komplett beitragsfreie Vorschule für alle Kinder – kostenlos bis zu sechs Stunden am Tag."

Bei Befragungen in der Bevölkerung erhalten Kinderbetreuung und Vorschulen die besten Bewertungen. Sie rangieren in Umfragen vor dem König und der Königin, vor den Medien, der Polizei und der Politik.

Ausschnitte aus dem auf dem Bildungskongress gehaltenen Vortrag auf DVD 2

Länge 16:00 Min.

Kapitel des Vortrags können auf der DVD einzeln ausgewählt werden

1. *Das schwedische Modell von Betreuung und Bildung*
2. *Freier Zugang, erschwingliche Gebühren und hohe Qualität*
3. *Derzeitiger Stand der Vorschulpädagogik*
4. *Das Kind in der schwedischen Gesellschaft*
5. *Die aktuelle Debatte über Vorschulen in Schweden*
6. *Pädagogen in der Vorschule*

Prof. Dr. Jürgen Kluge,
Deutschland-Chef, McKinsey & Company

Eine neue Bildungspolitik und eine andere Haltung gegenüber Kindern

Jürgen Kluge ist Deutschland-Chef von McKinsey & Company. Er ist die treibende Kraft der Initiative *McKinsey bildet.* Sie nahm ihre Arbeit bereits mehr als ein Jahr vor dem PISA-Schock auf. In seinem Kongressvortrag, der in diesem Booklet abgedruckt und auf der DVD vollständig dokumentiert ist, begründet er, warum Bildung das Schlüsselthema in Deutschland werden muss. „Es gibt kein anderes Bildungssystem in Europa, das ungerechter ist als unseres. Doch nur ein gutes PISA-Ergebnis wird nicht reichen, wir brauchen darüber hinaus eine umfassende Bildung." Mit einem Hinweis auf den Choreographen Royston Maldoom bemerkt er: „Man beginnt zu ahnen, warum Freiheit und Bildung einst Geschwister waren."

Die Beschäftigung mit den frühen Jahren lohnt sich. Jürgen Kluge wäre nicht bei McKinsey, wenn er dieses Argument nicht auch in Zahlen ausdrücken könnte: „Langzeitstudien, die sich auf Vorschulprogramme stützen, versprechen eine Rendite von 12 Prozent. Hochschulausbildung zum Beispiel liegt deutlich dahinter zurück: zwischen 3 und 4 Prozent." Bildung ist die gemeinsame Arbeit an einem würdigen und selbstbestimmten Leben. Weil aber auch der Produktionsprozess immer weniger einfache Arbeiten bereithält, wird Bildung unvermeidlich. „Schon heute machen Kreativität und Einfallsreichtum 5 von 10 Euro in der Wertschöpfungskette aus. In vielen Branchen bereits mehr. Noch vor wenigen Jahrzehnten wurde der Wert einer Werkzeugmaschine größtenteils durch ihren Materialwert und ihre Produktionskosten bestimmt, heute nur noch zu etwa 20 Prozent. Der größte Teil des Wertes sind Entwicklung oder Software und Design, also Wertschöpfungsfaktoren mit hoher Wissensintensität. Wissen wird zum entscheidenden Standortfaktor für jede Gesellschaft im globalen Wettbewerb." Unnötig hinzuzufügen, wohin eine Gesellschaft treibt, die diese Lektion versäumt. Als erstes sollte also damit aufgehört werden, von Kosten für die Bildung zu sprechen. Es handelt sich um Investitionen. Man fragt sich, wer so dumm sein kann, auf deren Renditen zu verzichten. Überholte Denkweisen kommen teuer zu stehen. Um die Kindergärten einigermaßen in Schuss zu bringen, sind jährlich 6,5 Milliarden Euro zusätzlich nötig. Jürgen Kluge rechnet vor, wofür.

Zahlen sind auch Indikatoren für Energieflüsse. „Es geht auch um eine andere Haltung den Kindern gegenüber. Ich bin überzeugt: Bildung, vor allem frühkindliche Bildung, ist der Schlüssel zu allem. Wenn die PISA-Studie eine Botschaft an uns hat, dann wohl diese: Nur die Rückbesinnung auf das Elementare führt zur Verbesserung des Akademischen. Indem wir früh die Basis für Bildung legen, kommen wir zu einer neuen Erziehungs- und Bildungsbewegung. Und je früher Menschen unabhängig von ihrer sozialen Herkunft an Bildung teilhaben können, desto mehr Chancengerechtigkeit wird es geben in diesem Land."

Die ökonomischen Wirkungsgeflechte wurzeln letztlich in der Kultur. Wenn sich an ihr nichts ändert, würde auch mehr Geld nichts nachhaltig verbessern. Es geht also vor allem um einen Mentalitätswandel. „Beginnen wir, auf die kindliche Neugier und natürliche Lernbereitschaft zu vertrauen. Beginnen wir mit dem Lernen ab der Geburt und nicht erst in der Schule. Arbeiten wir daran, die frühkindliche Bildung als einen wichtigen Teil der Bildungsgeschichte eines Menschen zu verstehen."

Die neue Haltung gibt es aber auch nicht umsonst. Sie verlangt geeignete Infrastrukturen und großzügigere Ressourcen: „Der normale Betreuungsschlüssel einer deutschen Kindertagesstätte beträgt 1 : 14. Wünschenswert wäre ein Verhältnis von 1 : 7 wenigstens für die 20 Prozent aller Kinder, die in Deutschland aus den sozial schwächsten Schichten kommen und in Brennpunktbezirken leben. Die Sure Start Centres in England zeigen, wie in solchen Brennpunkten aus reinen Kinderbetreuungsstätten Familienzentren werden." Mehr Pädagogen müssen also in Kindergärten und Vorschulen arbeiten. Auf ihre Arbeit müssen sie besser vorbereitet werden und die Gesellschaft schuldet den Vorschulpädagogen mehr Anerkennung. „Wenn wir Kindertagesstätten als Bildungseinrichtungen begreifen und das Personal nicht nur einen Betreuungsauftrag hat, sondern auch einem Bildungsauftrag nachkommt, dann ist es nur recht und billig, dass die bisherige Ausbildung deutlich verbessert und damit der Beruf für engagierten Nachwuchs insgesamt attraktiver gemacht wird. Wir fordern deshalb Bachelor-Abschluss als Voraussetzung für alle Erzieher und Erzieherinnen – als Einstiegsvoraussetzung und auch als unverzichtbares Weiterbildungsziel."

Der vollständige Kongressvortrag von Jürgen Kluge auf DVD 1

Länge 48:00 Min.

Kapitel des Vortrags können auf der DVD einzeln ausgewählt werden

1. *Freiheit und Bildung sind Geschwister*
2. *Frühkindliche Bildung schafft die Grundlage*
3. *Eine andere Haltung gegenüber Kindern*
4. *Den deutschen Sonderweg in der Bildung überwinden*
5. *Ein barrierefreier Kindergarten für alle*
6. *Qualität sichern*
7. *Bessere Ausbildung für Vorschulpädagogen*
8. *Bildung ist eine Investition*
9. *Warum ausgerechnet McKinsey?*
10. *Bildung und Arbeit ermöglichen gesellschaftliche Teilhabe*

Prof. Dr. Gisela Lück,
Professorin für Didaktik der Chemie an der Universität Bielefeld

Auf den Anfang kommt es an

Am Anfang steht die Frage „Warum?“ Darin sind Kinder Weltmeister. Warum? „Weil alle Kinder im Alter von fünf und sechs, möglicherweise auch schon vorher, ganz offen sind und mit dem nur ihnen eigenen Enthusiasmus ihr Umfeld erkunden.“ Gisela Lück vermutet, von der Resonanz der Erwachsenen auf diese Kinderfragen hänge es ab, ob später aus Kindern naturwissenschaftlich interessierte Personen werden oder nicht.

Die Professorin für Didaktik der Chemie empfiehlt Experimente mit Salz, Wasser, Luft, Teelicht, Backpulver oder Essig. Mit diesen Stoffen lässt sich ohne Risiken und zu jeder Jahreszeit experimentieren, und – das ist für Experimente wichtig – sie lassen sich beliebig wiederholen. Es geht ihr auch darum, den Alltagsmythen, denen zufolge Biologie immer gut und Chemie fast schon böse ist, andere Erfahrungen entgegenzusetzen. Zum Beispiel jene, dass Gas nichts mit Gift zu tun haben muss.

Das Interesse der Kinder an den Experimenten ist enorm. 70 Prozent betonen, dass sie daran jederzeit freiwillig und mit Freude teilnehmen. „Kinder lieben Experimente.“ Aber ein noch viel überzeugenderes Argument ist für Gisela Lück, Fotos mit Kindern voller Aufmerksamkeit und Hingabe zu zeigen: „Hier beobachtet ein Junge ganz intensiv und kontemplativ versunken, woher es wohl kommt, dass Watte saugfähig ist. Dieses türkische Mädchen konnte zu dem damaligen Zeitpunkt kaum Deutsch und hat lächelnd, fühlend mit allen Sinnen, begriffen, dass Luft existiert, und sie hat dabei auch die Begriffe zum Thema ‚Luft‘ gelernt.“ Nebenbei und höchst wirksam kann dabei also auch die Sprache gelernt und ausdifferenziert werden.

Untersuchungen von Lück zeigen, dass sich sehr viele der befragten Kinder nach sechs Monaten zum Teil noch an Einzelheiten und die Deutung der Experimente erinnern. Das gilt für Kinder aus sozialen Brennpunkten ebenso wie für Kinder von bildungsbürgerlichen Eltern. Ein Ergebnis, dessen Brisanz noch nicht hinreichend erkannt wird.

Auch behinderte Kinder werden mit naturwissenschaftlichen Experimenten erreicht: „Sie sind an Naturphänomenen genauso interessiert wie nicht Behinderte." Gisela Lück zeigt ein Foto mit einem geistig behinderten Jungen vor zwei umgestülpten Wassergläsern. „Diese Freude, die der Junge hat, wenn er sieht, dass eine Kerze unter einem großen Glas länger brennt als unter einem kleinen!"

1.345 Studierende im ersten Semester Chemie wurden von Gisela Lück und ihren Mitarbeitern befragt, warum sie dieses schwierige Fach gewählt haben. 22 Prozent haben geantwortet: „Ich möchte deshalb dieses Fach studieren, weil ich als kleines Kind liebevoll an Naturphänomene herangeführt worden bin." Die Sekundarstufe II hingegen gab bei nur ungefähr 5 Prozent der Befragten den Anstoß für Chemie. „Wir haben viel zu lange in unserem Land besonderen Wert auf die weiterführenden Schulen, besonders auf die Jahrgänge kurz vor dem Abitur, gelegt und den Anfang vernachlässigt."

Um die Bildung der Kinder von Anfang an zu stärken, muss allerdings auch die Ausbildung der Pädagogen, die mit kleinen Kindern arbeiten, aufgewertet werden: „Ich wünsche mir, dass die Ausbildung für Pädagogen im Elementarbereich an Fachhochschulen oder Universitäten erfolgen sollte. Warum macht man in Deutschland diese Barriere zwischen Grundschule und Vorschule?"

Ausschnitte aus dem auf der 2. Bildungswerkstatt gehaltenen Vortrag auf DVD 2

Länge 16:30 Min.

Kapitel des Vortrags können auf der DVD einzeln ausgewählt werden

1. *Warum-Fragen*
2. *Die unbelebte Natur ist interessant*
3. *Kinder lieben Experimente*
4. *Behinderte Kinder*
5. *Der erste Kontakt mit Naturphänomenen*

Royston Maldoom,
Choreograph

„Streckt euch!" Über Vertrauen, Leidenschaft und Tanz

Kein Zweiter repräsentiert den Paradigmenwechsel in der Bildung wie der englische Choreograph Royston Maldoom. Er ist ein Lehrer von seltener Ansteckungskraft. Seit dem Film „Rhythm Is It" kann er sich vor Einladungen aus Schulen und Theatern in Deutschland nicht retten. Es ist, als hätte er etwas ausgesprochen, woran viele hierzulande bisher nicht zu glauben wagten: von Kindern sehr viel verlangen und ihnen noch mehr geben. Maldoom ist kein Theoretiker. Er holt aus Kindern und Jugendlichen so viel heraus, weil er sie davon überzeugt, dass sie Talente in sich tragen. Seine Botschaft: Jeder will lernen. Jeder hat die Fähigkeit und Lust zu tanzen. Jeder ist bereit, Anstrengungen auf sich zu nehmen, um zu guten Ergebnissen zu kommen.

Sein Kongressvortrag wird vollständig dokumentiert. Zuvor sieht man einige Szenen aus dem Film „Rhythm Is It". Der Dokumentarfilm zeigt Ballettproben mit Teenagern für eine Aufführung von Strawinskys „Le Sacre du Printemps" mit den Berliner Philharmonikern. Der Fokus liegt auf einer Gruppe von Hauptschülern, also Jugendlichen, denen man gemeinhin wenig zutraut. Die Schüler begrüßt Maldoom mit diesen Worten: „Ich bin sehr streng. Die Neuen wird das erst mal schockieren." Später sagt er: „Dieser Junge wird im Leben alles erreichen, was er will. Hier geht es nicht nur ums Tanzen. Tanzen kann euer ganzes Leben verändern."

Im Film gibt es eine Schlüsselszene für diese Mischung aus Herausforderung und Vertrauen. (Die DVD „Rhythm Is It" kann unter www.rhythmisit.com bestellt werden). Der Choreograph empfiehlt einigen Schülern, auf einer Ballettschule weiterzumachen. Sie hätten das Zeug dazu. Neben ihnen steht die freundliche, aber grundbesorgte Lehrerin und interveniert: abends noch allein im Dunkeln mit der S-Bahn nach Wilmersdorf? Plötzlich wird deutlich, welchen Unterschied es macht, ob ein Lehrer wie dieser Choreograph die Botschaft sendet: „Kommt, ihr seid gut, in euch steckt viel mehr, als ihr selbst glaubt; diese Talente wollen wir herausfordern!", oder ob die Lehrperson dieses Potenzial eher anzweifelt und den Schülern eine Art Opfergemeinschaft gegen die Zumutungen der Welt anbietet, sie eben nicht „herausfordert". Sind defensive Lehrer den Zynikern, die Schülern ihre Potenziale absprechen und Kinder beschämen, vielleicht verwandter als man denkt?

In seinem Vortrag entfaltet Maldoom seine Grundsätze. In 30 Jahren habe er – sei es bei traumatisierten Kindern in Bosnien, bei Grundschülern in London oder in einem Jugendgefängnis – noch nie jemanden getroffen, der nicht tanzen kann. „Sobald man den Raum betritt, wissen sie, ob sie einem vertrauen können oder nicht. Wenn sie einem vertrauen, dann kann man erstaunlich diszipliniert und konzentriert arbeiten und die jungen Menschen folgen einem gern. Spüren sie aber nur einen Moment lang, dass man nicht an ihr Potenzial glaubt, dass man ihnen begegnet wie so viele andere Menschen auch, nämlich ohne Respekt und Vertrauen in ihre Fähigkeiten, dann fallen sie sofort zurück in die Einstellung, die viele Kinder, aber auch viele von uns haben: ein Versager zu sein, jemand, dem nichts gelingt. Wer einmal so über sich selbst denkt, der entwickelt eine Lernblockade, so dass jeder Lernfortschritt unmöglich wird."

„Man muss einfach diesen unerschütterlichen Glauben an das große Potenzial jedes Menschen haben. Wenn man das Klassenzimmer betritt und diesen Glauben nicht hat, dann klappt es nicht, dann kommt man nicht durch. Zweifeln Sie an der Besonderheit eines Menschen, mit dem Sie arbeiten, dann spürt er das und Sie schränken ihn ein. Wenn also ein Kind sein Potenzial nicht voll ausschöpfen kann, dann ist das mein Fehler, nicht der des Kindes."

„Die Annahme, dass Menschen nicht kreativ sind, widerspricht jedoch allem, was ich erlebe. Ich halte Kreativität für ein elementares Überlebenswerkzeug, das wir täglich gebrauchen. Zunächst einmal heißt Kreativität nur, Alternativen zu erkennen, sich mögliche Ergebnisse vorzustellen und Entscheidungen zu treffen ... Zu den größten Mythen, die mir mein Leben lang begegnen, gehört die Einstellung: ‚Ich kann nicht tanzen'. Nie habe ich jemanden getroffen, der nicht tanzen kann, und zwar wunderschön tanzen kann, wenn es gelungen ist, die Blockaden zu lösen."

„Worauf Kinder jeden Alters beim Unterricht am besten ansprechen, ist Leidenschaft, sind Menschen, die ihre Leidenschaft und Erfahrung mit ihnen teilen. Daher heißt es für mich gewöhnlich nicht ‚Unterricht', sondern ‚Erwachsene, die ihre Leidenschaft und Erfahrung mit Kindern teilen'. Es spielt keine Rolle, ob es um Tanz, Geographie oder Mathematik geht: Kommunikation entsteht durch Leidenschaft. Wenn man Kunst vermitteln will, muss man praktische Erfahrungen damit gemacht haben. Man muss, zumindest für einige Zeit, Künstler gewesen sein, man muss dieses Leben kennen. Denn Sie müssen den Menschen, mit denen Sie arbeiten, immer voraus sein, müssen ihnen neue Herausforderungen bieten, die ihren wachsenden Fähigkeiten gerecht werden, und ihnen gleichzeitig neue Fähigkeiten vermitteln, damit sie die Herausforderungen, nach denen sie verlangen, bewältigen.

Was Kunst an Schulen betrifft, gibt es daher triftige Argumente dafür, Künstler an die Schulen zu holen. Aber nicht nur Künstler. Schulen sollten nach beiden Richtungen durchlässig sein. Kinder sollten hinausgehen können und andere Menschen sollten hineinkommen können, seien es Tischler, Geschäftsleute, Tänzer, wer auch immer. Schulen sollten ein Treffpunkt sein, kein Ghetto, in das Sie ein Kind stecken und sagen: ‚Auch wenn alles wirklich Interessante außerhalb der Schule stattfindet, wirst du die nächsten 15 Jahre hier sitzen und wir werden dich in völliger Isolation unterrichten.' Das scheint mir der schlechteste Weg zu sein."

Der ungekürzte auf dem Bildungskongress gehaltene Vortrag auf DVD 1

Länge 25:10 Min.

Kapitel des Vortrags können auf der DVD einzeln ausgewählt werden

1. *Trailer „Rhythm Is It"*
2. *Der Film „Rhythm Is It" und die Arbeit des Choreographen*
3. *Vertrauen in das Potenzial der Kinder*
4. *Wenn Lehrer nicht an das Potenzial der Kinder glauben*
5. *Tanz in der Schule*
6. *Was Tanz für Royston Maldoom bedeutet*
7. *Jeder ist kreativ*
8. *Streckt euch!*
9. *Die spirituelle Dimension des Tanzes*
10. *Auf die Leidenschaft der Erwachsenen kommt es an*

Dr. Christian Malorny,
Principal, McKinsey & Company

Qualität muss hergestellt werden

Manche Konferenzteilnehmer fragten, was denn das Thema „Qualität und Fehlermanagement in der Automobilindustrie" auf einer Veranstaltung über Bildung zu suchen hätte? Aber dann erregte der Vortrag des McKinsey-Beraters Christian Malorny größtes Aufsehen. Die Herstellung von Qualität ist in der Industrie kein technischer Prozess. Alles hängt von der Selbstverantwortung und der Zusammenarbeit der Mitarbeiter ab.

In den 80er Jahren waren bei Daimler-Benz, VW und BMW um die 25.000 Qualitätsprüfer beschäftigt. Das schien auch unbedingt nötig, denn 40 Prozent der Autos hatten Mängel. Die Arbeiter am Band kümmerte das wenig. „Qualität wurde an Spezialisten delegiert. Das ist ein typisch deutsches Qualitätsverständnis. Wir assoziieren zu Qualität, was am Ende rauskommt."

1985 stellte ein Buch über die Automobilrevolution von Toyota das herrschende Taylor'sche Produktionssystem in Frage. Bisher wurde die Arbeit in möglichst kleine Schritte zerlegt. Arbeiter sollten wie Maschinen funktionieren. Die Qualität der Produkte war mittelmäßig. Aber Toyota gelang eine bessere Qualität ohne Qualitätsprüfer. Christian Malorny berichtet schier Unglaubliches: „In Japan kann jeder Arbeiter an der Maschine, wenn es ihm nötig scheint, eine Fabrik anhalten. Zu jedem Zeitpunkt! Er hat sogar die Pflicht dazu. Eine Produktionsstraße mit Hunderten von Arbeitern bleibt dann stehen, bis das jeweilige Problem beseitigt ist. So etwas konnten wir uns gar nicht vorstellen. Wie bekommen wir die Menschen dazu, dass sie mitdenken?"

Es erweist sich als erheblich preiswerter, eine Fabrik so lange zu optimieren – auch wenn sie dazu angehalten werden muss – bis sie perfekt läuft. Fabriken in

Japan laufen im ersten halben Jahr schlecht, später fällt die Fehlerquote auf 1 Prozent. Deutsche Imitationen schlugen zunächst allerdings so lange fehl oder führten sogar zu noch schlechteren Ergebnissen, wie man nicht auch die Mentalität zu verändern begann.

Es geht um Teamfähigkeit, um die Bereitschaft, zu lernen und Verantwortung zu übernehmen. Als Sackgasse erwies sich die Einführung von Standards. Malorny hat das alles mitgemacht und berichtet davon: „Ein Standard kann immer nur ein Minimalkonsens sein. Er ermöglicht nichts Exzellentes und fördert keine Qualitätskultur im Sinne einer ständigen Verbesserung.“ Denn viele geben sich dann mit dem Einhalten von Mindeststandards zufrieden. Um Spitzenergebnisse zu erzielen, reicht es nicht, die Dinge richtig zu machen, man muss auch die richtigen Dinge machen wollen. Dazu braucht man ein Konzept. Christian Malorny fragt deshalb die Kitas: „Gibt es eine Philosophie und ist diese Idee methodisch abgesichert?“ Es geht ihm weniger darum, ob eine Kita ein ökologisches, ein malerisch-künstlerisches oder ein anderes pädagogisches Konzept hat. „Die Frage ist, hat sie überhaupt ein Konzept und wie weit sind die Mitarbeiter involviert?“

Was in einem Betrieb los ist, erfährt Malorny, wenn er mit den einfachen Mitarbeitern spricht. Ob sich ein Unternehmen oder eine andere Organisation auf den Weg zur Exzellenz begeben hat, hängt von „der Freiwilligkeit ab, und das ist ein spielerischer Mechanismus“. Erfolgreiche Unternehmen sind in Teams organisiert. „Jeden Abend und jeden Morgen setzt man sich zusammen und diskutiert darüber, was gut lief oder schief ging.“ Der Anteil von Fehlern ist in diesen Unternehmen weitaus geringer als in üblichen Unternehmen. „Dort reden wir heute über Fehlerraten, die im Millionstelbereich sind.“

Ausschnitte aus dem auf der 4. Bildungswerkstatt gehaltenen Vortrag auf DVD 2

Länge 16:50 Min.

Kapitel des Vortrags können auf der DVD einzeln ausgewählt werden

1. *Altes Verständnis: Qualitätsprüfung am Schluss*
2. *Toyota: die Automobilrevolution*
3. *Umdenken: Jeder darf die Fabrik anhalten*
4. *Deutschland: falsche und richtige Konsequenzen*
5. *Erste Voraussetzung: ein Konzept haben*
6. *Stolz und Verantwortung: Interesse an Qualität*

Prof. Dr. Dr. h. c. mult. Hubert Markl,
Professor em. für Biologie an der Universität Konstanz, ehemaliger Präsident der Deutschen Forschungsgemeinschaft und der Max-Planck-Gesellschaft

Das Talent ist gewöhnlich unvorhersehbar

Albert Einstein hat bis zu seinem vierten Lebensjahr kaum einen Satz gesprochen. Für Hubert Markl ist das eine Mahnung. Man kann dem Kind nicht ansehen, ob aus ihm ein Genie werden wird. Wenn er ein allgemeines Gesetz aufstellen sollte, dann das von der „Unvorhersagbarkeit der Ausnahmetalente". Denn besondere Begabungen und Leistungen sind „Folgen der Einzigartigkeit eines jeden Individuums und Ergebnis seiner unberechenbaren Freiheit, die uns immer aufs Neue überraschen kann". Eine zu frühe Auslese könnte die besonderen Talente übersehen. „The proof of the pudding is in the eating", zitiert Markl und fährt fort, „der Beweis des Genies besteht in seinen genialen Leistungen, nicht in deren Vorhersage!"

Als Präsident der Deutschen Forschungsgemeinschaft und der Max-Planck-Gesellschaft konnte Markl die Lebensläufe vieler Spitzenwissenschaftler verfolgen. In ihrer Kindheit, in der Schule, auch im Studium sind die meisten nicht aufgefallen. Es gab selten exzeptionelle Frühstarter oder ausgesprochene Spätentwickler, aber es gab sie auch. Er hat manche Ausnahmen und wenig Regelmäßigkeit beobachten können. Er sah zuweilen Vielfachbegabte und auch schon mal „Fachidioten von Anfang an". Seine Konsequenz: „Wer Pflanzen wachsen sehen will, muss sie gut bewässern und gelegentlich düngen, aber vor allem muss er warten können und nicht dauernd ungeduldig an ihren Blättern ziehen."

Nach manchen Abwägungen setzt Markl auf Charakterbildung. „Sie hat vor allem etwas mit Ehrlichkeit, Anstand, Lebensmut, Lebensfreude, Selbstvertrauen und auch der Fähigkeit zu tun, anderen zu vertrauen und für sie vertrauenswürdig zu sein." Die Ausbildung von Grundvertrauen, das lehrt ihn seine Erfahrung, ist die beste Lebensvorbereitung. Ihm war es „als Lehrer junger Menschen häufig viel weniger wichtig, was eine oder einer an konkretem Sachwissen gleich welcher Art mitbringt, als ob sie jene prägenden und tragenden Eigenschaften besitzen, die es ihnen leicht erlauben, sich neuen geistigen Herausforderungen zu stellen und auf neuen Gebieten schnell zurechtzufinden, weil sie nämlich mit Neugier, Mut und Disziplin an sie herangehen können".

Kommt es am Ende also auf die Erziehung an? Hängt der Erfolg des Lernens von der Kultur ab, die Erwachsene den Kindern bereiten? Die Fähigkeit zu lernen jedenfalls bringt jedes Kind mit. Allein das Erlernen der Sprache ist auch für den Naturwissenschaftler Markl ein Wunder: „Es gehört zu den bis heute kaum erklärbaren Unglaublichkeiten unserer Natur, dass jedes einigermaßen gesunde Kind in wenigen Jahren zu sprechen und Sprache zu verstehen vermag, von Sanskrit mit 800 Verbformen bis zu den afrikanischen Sprachen mit nicht nur zwei oder drei so genannten Geschlechtern, sondern Dutzenden von Substantivklassen. Dass x-beliebige Dreijährige – mal von Einstein abgesehen, der brauchte ein Jahr mehr – auf der ganzen Welt jede beliebige dieser 10.000 Sprachen geradezu begierig und weitgehend fehlerfrei erlernen, obwohl man später ein halbes Leben lang studieren müsste, um auch nur einen Bruchteil dessen zu begreifen, das ist zwar auch nicht wunderbarer als die Evolution einer Schwalbe, einer Biene oder einer Orchidee, aber ganz schön wunderbar bleibt es doch, selbst dann, wenn es einmal wissenschaftlich ganz erklärbar werden sollte." Deshalb, so empfiehlt Markl, sollte man doch überlegen, ob Kinder nicht schon früh mehrere Sprachen, zumindest eine zweite, lernen.

Ausschnitte aus dem auf dem Bildungskongress gehaltenen Vortrag auf DVD 2

Länge 24:40 Min.

Kapitel des Vortrags können auf der DVD einzeln ausgewählt werden

1. *Für den eigenen Nachwuchs sorgen*
2. *Spätentwickler, zum Beispiel Einstein*
3. *Erfolgreiche waren als Kind oft unauffällig*
4. *Charakterbildung ist die Grundlage*
5. *Von früh an Neugier! Auch Disziplin*
6. *Was Kinder alles lernen, zum Beispiel Sprachen*
7. *Mathematik & Co*
8. *Der ganze Mensch: die musische Bildung nicht vergessen!*

Prof. Dr. Christiane Nüsslein-Volhard,
Direktorin am Max-Planck-Institut für Entwicklungsbiologie, Tübingen, Nobelpreisträgerin

Wie ich zur Biologie gekommen bin

Die Direktorin am Max-Planck-Institut für Entwicklungsbiologie kann sich an keine Weichenstellung in ihrer Kindheit erinnern, die sie zur Nobelpreisträgerin gemacht hätte. Ihre Eltern waren naturwissenschaftlich nicht besonders gebildet. „Aber natürlich kannte meine Mutter alle Pflanzen, die wir auf den Spaziergängen im Wald fanden." Den Verfall dieses Alltagswissens über die Natur bei Kindern beklagt sie. Wenn sie in ihrer Kindheit auch nicht auf die Naturwissenschaft gestoßen wurde, so erinnert sie sich doch an „das Glück, eine Mutter zu haben, die als Kindergärtnerin ausgebildet war. Es gab Umgang mit den verschiedensten Stoffen und handwerkliche Fertigkeiten wurden vermittelt." Im Garten hat die Mutter ihr Interesse an Pflanzen geweckt. Auch gutes Essen auf einem Bauernhof, auf dem die spätere Biologin häufig zu Besuch war, hat ihre Sinne für die natürliche, stoffliche Welt geschärft. „Ich könnte mir denken, dass dadurch bei mir die Neugierde und Lust an der Naturwissenschaft geweckt worden ist." Allerdings räumt Christiane Nüsslein-Volhard ein, dass ihre Geschwister mit der gleichen Erfahrung nicht angebissen haben. Es gibt also keine Determination, wohl aber förderliche Milieus.

Im Blick auf Kinder will sie auch nicht von Naturwissenschaft sprechen, umso mehr von Naturverständnis. Sie fragt sich auch, warum Kinder Automarken unterscheiden können, nicht aber die Tulpe von der Narzisse. Dafür wünscht sie sich anregende Kindergärten. Falsch findet sie es, wenn gesagt wird: Es ist doch wurscht, wie die Blume heißt, Hauptsache, das Kind freut sich daran. „Ich würde dafür plädieren, dass man die Dinge, die um einen herum sind, lernt zu begreifen, zu verstehen, sich zu merken und anzuwenden." Sie würde mit dem Kochen anfangen. „Den Kindern erklären, wie Luftblasen in der Hefe entstehen, wie man Stoffe auflöst oder was Hitze bedeutet."

Die Biologin gesteht: „Bei mir liefen viele Erkenntnisse in der Wissenschaft übers Essen." Erstaunlich findet sie weniger solche Wege der Erkenntnis, als die verbreitete Ignoranz darüber, woher das Essen kommt. Aufklärung sollte im Kindergarten beginnen.

„Ich bin ganz entschieden dafür, mehr Aufwand dafür zu treiben, dass wir gute Kindertagesstätten haben." Als Mutter mit einem Kind oder zwei Kindern alleine zu Hause zu sein und den Beruf dafür aufzugeben, ist für sie eine abschreckende Vorstellung. Von guten Kindertagesstätten erwartet Christiane Nüsslein-Volhard, dass die Wahrnehmung der Umgebung und die Entdeckung ihres Reichtums nicht zu kurz kommen. Ihre Befürchtung ist, dass die Umgebung verarmt und dass mit dieser Verarmung die mangelnde Wahrnehmung der Natur einhergeht. „Ich bin ja vom Land, ich bin ja aus Bebenhausen bei Tübingen, wo man nur zwei Schritte braucht und dann sieht man die herrlichste Natur und man hat eine unglaubliche Artenvielfalt im Garten oder Wald."

Ob man Kindern schon mit Physik oder Chemie kommen sollte? Da ist sie eher skeptisch. Auf die Aufmerksamkeit für die Umgebung kommt es an.

Ausschnitte aus dem auf der 2. Bildungswerkstatt gehaltenen Vortrag auf DVD 2

Länge 08:26 Min.

Kapitel des Vortrags können auf der DVD einzeln ausgewählt werden

1. *Meine Mutter kannte alle Pflanzen*
2. *Für Kinder Naturverständnis – keine Naturwissenschaft*
3. *Kochen: ein guter Anfang*

Prof. Dr. Gerd E. Schäfer,
Professor für Frühförderung, Universität Köln

Für eine Kultur der Wahrnehmung und der Weiterbildung

Wie nehmen Kinder Dinge wahr? Wie denken sie und was denken sie über das, was andere denken? Mit solchen Fragen tritt die Frühpädagogik aus dem Schatten der Schule. Deren Welt ist immer noch stark von Fächern und von der Vermittlung des Stoffs geprägt. Jetzt werden Kinder als geborene Lerner, ja als forschende Individuen entdeckt. Die Neugier wird rehabilitiert.

Gerd E. Schäfer, Professor für Frühförderung an der Universität Köln, ist einer der wenigen Deutschen, die an dieser neuen, internationalen Debatte teilnehmen. In seinem Vortrag erörtert er zunächst das „Wahrnehmungsproblem der Wissenschaften". Die Wissenschaften haben das Wahrnehmen mehr und mehr an Instrumente delegiert. Aber auch die Instrumente und die mit ihnen gewonnenen Ergebnisse müssen schließlich wahrgenommen und interpretiert werden. Keine Wahrnehmung ist „blank". Sie ist kein fotografischer Akt, sondern ein Prozess.

Wie läuft er bei Kindern? Schäfer führt ein Forschungsvideo vor. Ein Kind steckt Stäbchen in eine Knetgummimasse und beobachtet, wie sich die Stäbchen langsam neigen. Das Kind blickt skeptisch, jubiliert und es ist erneut ganz Anspannung. Keine Sekunde lässt es sich ablenken. Schäfer interpretiert: „Man meint, die Gedanken selbst bei der Arbeit zu sehen." Nicht nur die Sinnesorgane sind aktiv. „Der Körper denkt mit." Die Hände scheinen mit den Stiften zu schweben. Der Zeigefinger der linken Hand löst sich allmählich. Zaghaft und andeutungsweise folgt er dem Fallen. Das Kind macht keine Bewegung außer denen, die sich auf dieses Geschehen beziehen. „Das Kind ahmt mit seinem Leib nach, was es sieht. Es denkt das Fallen mit den Sensorien seines Auges und seines Körperempfindens." Der Leib ist Wahrnehmungsorgan. Das Kind aktiviert seinen Gleichgewichtssinn, indem es sich bewegt. Diese Aktionen nennt Schäfer „forschendes Lernen".

Bisher kannte das Kind Gegenstände, die fallen oder die fest fixiert sind. Aber die Stifte in der Knetmasse verhalten sich nun anders. „Ein wahrhaft physikalisches Problem irritiert dieses zweieinhalbjährige Kind und fesselt seine Aufmerksamkeit." Es wiederholt und wiederholt die Versuche. Jedes Mal ergibt sich eine leicht modifizierte Situation. Dabei erfährt das Kind Vergänglichkeit und Gegenwart. Seine hellwache Präsenz bereitet ihm ein Glücksgefühl. Schäfer weist auf die Ähnlichkeit mit der Musik hin, über die Daniel Barenboim in der gleichen Bildungswerkstatt sprach: Jeder Ton ist unwiederholbar und verschafft die Erfahrung der Kostbarkeit jedes Augenblicks.

Mit einem Beispiel des amerikanischen Anthropologen und Kommunikationstheoretikers Gregory Bateson geht Schäfer einen Schritt weiter. „Beim Tontaubenschießen hat man immer nur einen Schuss. Wenn der nicht trifft, dann kann man nur im nächsten Schuss eine sensiblere Voreinstellung wählen und noch mal probieren. Es ist eine neue Situation. Das Können wird nicht während des Schießens selbst verbessert, sondern von Mal zu Mal neu kalibriert." Diese Folge von Wahrnehmen, Handeln, Reflektieren und Kalibrieren, die an Kindern so offensichtlich ist, gilt auch für die Erwachsenen. Schäfer schlägt eine Brücke zur pädagogischen Professionalität. „Die Chance, etwas zu korrigieren, ist vorbei, wenn man gehandelt hat. Eine neue Chance gibt es erst beim nächsten Mal. Wer sich nicht wahrnehmend, denkend und handelnd von Mal zu Mal rekursiv verbessert, um sich auf die tatsächlich gegebene Situation einzustellen, bleibt auf einem anfänglichen Niveau stehen." Diesen Gedanken macht er zum Ausgangspunkt für den Vorschlag, eine Weiterbildungsakademie für Erzieher und andere Vorschulpädagogen zu gründen. Die Akademie habe sich als ein Organ für die Selbstaufklärung von Praxis zu begreifen. „Praxiserfahrungen sind ein konstitutiver Teil des erziehungswissenschaftlichen Denkens. Sie verändern es in der Substanz." Schäfer erlebt, dass Studierende, die aus der Praxis kommen, anders und viel besser studieren.

Höhere Qualität in der Erzieherausbildung darf nicht mit dem Verzicht auf Praxis erkauft werden: „Kein Pianist geht auf das Podium, ohne seine Sache geübt zu haben. Wir aber schicken Lehrer und Erzieherinnen auf pädagogische Podien, ausgestattet vielleicht mit Theorien, aber ohne dass sie sich mit Handlungsformen vertraut gemacht haben. Kinder bilden sich eben nicht von selbst, sie brauchen eine Sache, an der sie sich abarbeiten können und dazu gehören Leute, die von den Sachen etwas verstehen. Damit meine ich nicht belehren."

Ausschnitte aus dem auf der 3. Bildungswerkstatt gehaltenen Vortrag auf DVD 2

Länge 20:40 Min.

Kapitel des Vortrags können auf der DVD einzeln ausgewählt werden

1. *Wissenschaft beginnt mit Wahrnehmung*
2. *Beobachtung eines Kindes*
3. *Praxiserfahrung!*
4. *Konsequenzen für die Ausbildung*

Andreas Schleicher,
OECD, Paris

Wirkungen und Erfolgsbedingungen von Kindergärten

Spielt es für die späteren Schulleistungen eine Rolle, ob ein Kindergarten besucht wurde? Andreas Schleicher, internationaler Koordinator der PISA-Studie in der OECD, hat die Daten daraufhin befragt. Das Ergebnis: Wer im Kindergarten war, schneidet bei PISA im Durchschnitt deutlich besser ab. Das Ergebnis bleibt eindeutig, auch wenn die Herkunft der Kinder herausgerechnet worden ist. Es gilt für alle Länder.

Schleicher erinnert in seinem Vortrag daran, dass in Deutschland der Kindergarten erfunden wurde. Von hier aus wurde er in alle Welt exportiert. „Aber wie so oft ist Deutschland Exportweltmeister in pädagogischen Konzepten, die dann in Finnland, Kanada oder England systemisch umgesetzt werden." PISA und andere Studien zeigen, dass Länder, die in frühkindliche Bildung investieren, damit hohe Renditen erzielen. Deutschland ist hier noch auf einem Sonderweg. Was anderswo als Investition gesehen wird, gilt hierzulande als Kostenfaktor. „In Deutschland ist der durch Gebühren finanzierte Anteil in den Kindergärten dreimal so hoch wie in den Hochschulen."

Vernachlässigte Frühförderung verstärkt soziale Ungerechtigkeit. Viele Talente bleiben unentdeckt. „Deutschland gehört auch zu den wenigen Ländern, wo heiß darüber diskutiert wird, ob kognitives Lernen im Kindesalter schädlich sein könnte." Die PISA-Daten zeigen, dass es möglich ist, Chancengerechtigkeit und Leistung gleichzeitig zu optimieren. „Das sind Länder, die strategisch in frühkindliche Bildung investieren." Schleicher betont, dass solche Erfolge nicht das Resultat des unermüdlichen Einsatzes Einzelner sind. Sie müssen systemisch verankert werden.

Wie geht das? „Das Arbeitsfeld Kindergarten in eine wissensbasierte Profession verwandeln, wo Wissen nicht nur von oben nach unten vermittelt wird, sondern wo die Mitarbeiter aktiv eingebunden werden." England ist dafür ein Beispiel. Dort haben Bildungsstandards Maßstäbe gesetzt. Zugleich wurden Unterstützungs- und Rückmeldesysteme geschaffen. Das Ergebnis: „Dieses Arbeitsfeld gehört heute zur ersten Wahl für junge Menschen." England investiert in den Vorschulbereich etwa doppelt so viel pro Kind wie Deutschland. Schleicher fürchtet, ohne diese „systemische Verankerung" läuft eine Reformwelle nach der anderen über die Köpfe der Leute hinweg, ohne irgendetwas zu bewirken.

International werden übergreifende Standards von der Geburt bis in die Schule entwickelt. Dabei geht es weniger um Lese- oder Rechenfähigkeiten, sondern darum, bei den Jüngsten die Neugier zu stärken und Vertrauen ins Lernen zu schaffen.

Im internationalen Vergleich beobachtet Andreas Schleicher, dass zu geringe Forderungen an die Bildungseinrichtungen zu Stagnation führen. Hohe Forderungen ohne wirksame Unterstützung bewirken Frustration. Gute Unterstützung bei geringen Anforderungen hilft nur denen weiter, die ohnehin engagiert sind. „Letztendlich führt die Verknüpfung von Unterstützung mit anspruchsvollen Bildungsstandards zu systemischen Verbesserungen."

In vielen OECD-Staaten arbeiten Grundschullehrer und Kindergärtnerinnen heute gemeinsam mit Kindern ab drei Jahren. „Wir müssen uns immer wieder vor Augen führen, dass jede institutionelle Barriere, die wir im Bildungssystem schaffen, das Lernen behindert und die Chancenungerechtigkeit vergrößert."

Ausschnitte aus dem auf dem Bildungskongress gehaltenen Vortrag auf DVD 2

Länge 11:45 Min.

Kapitel des Vortrags können auf der DVD einzeln ausgewählt werden

1. *Ein deutscher Sonderweg: „Studiengebühren" für Kinder*
2. *Der Besuch des Kindergartens zahlt sich aus*
3. *Standards und Rückmeldungen, zum Beispiel England*
4. *Nicht fordern, ohne zu unterstützen!*

Prof. Dr. Elsbeth Stern,
Forschungsgruppenleiterin am Max-Planck-Institut für Bildungsforschung, Berlin, Honorarprofessorin an der TU Berlin

Mit dem Werkzeug Sprache umgehen lernen

Seit etwa 40.000 Jahren haben sich Menschen genetisch nicht mehr verändert. Ihr Körper, ihr Gehirn und auch die Art, wie sie lernen, sind gleich geblieben. Aber die Kultur hat sich enorm verändert. Seit 5.000 Jahren erst gibt es die Schrift. Newtons Gesetze der Mechanik, die Geometrie oder die Null in der Mathematik sind spät entwickelt worden. In der Schule soll Wissen, für das die Menschheit viele Jahrhunderte gebraucht hat, in kurzer Lebenszeit erworben werden. Dieses Wissen wird nicht so selbstverständlich gelernt wie Laufen und Sprechen, für die es genetische Programme gibt. Zum Beispiel konnten die Römer keine Teilungsaufgaben lösen. Dafür bot ihr Zahlensystem kein geeignetes Werkzeug. Das änderte sich erst mit der Einführung der Null.

Elsbeth Stern will das Erlernen des Wissens nicht aus der Schule in die Vorschule vorverlagern. Sie bringt einen anderen Begriff in die Debatte: Vorläuferfähigkeiten. „Menschen binden neue Information immer an das, was sie haben. Lernen kann besser gelingen, wenn sie vorher das Geeignete haben."

Das wichtigste Denkinstrument ist die Sprache. Wie es funktioniert, macht Stern an Beispielen deutlich. „Was ist ein Fido?" Und was ist im Gegensatz dazu „der Fido"? Das kleine Wörtchen „ein" markiert den Unterschied von Eigennamen und Gattung. Ein anderes Phantasiewort: „zip". Verbindet man es mit einem Foto von Kindern, die im Schlamm spielen, dann bedeutet „zippen": im Schlamm wühlen. Und ein „Zip" müsste „etwas" Schlamm sein. Wenn Kinder sprechend zu Bedeutungen kommen, liegt es auf der Hand, dass in Kitas viel und grammatisch richtig gesprochen werden muss.

Auch für das Gelingen mathematischer Operationen hängt viel von der Formulierung ab. Ein Beispiel. Erstklässler bekommen diese Aufgabe: „Hier sind fünf Vögel und drei Würmer. Alle Vögel fliegen los und jeder versucht, einen Wurm zu bekommen. Wie viele Vögel bekommen keinen Wurm?" 96 Prozent der Erstklässler lösen die Aufgabe. Lautet sie hingegen: Wie viel mehr Vögel als Würmer gibt es, dann lösen nur noch 25 Prozent dieser Kinder die Aufgabe. Die zweite Formulierung erfordert ein abstrakteres Zahlenverständnis. Dieses Verständnis für die Beziehung zwischen Mengen wäre also sorgfältig vorzubereiten. „Der deutsche Grundschulunterricht hat zu viele Aufgaben, die die Kinder sowieso schon können. Dieses Mehr und Weniger wird fast nie thematisiert."

Sprachlich können Kinder auf ein besseres Verständnis von Mathematik und Naturwissenschaften vorbereitet werden, wenn die Pädagogen diese Operationen mit dem Denkwerkzeug Sprache im Blick haben. „Lernziel in Mathematik ist, dass Zahlen nicht nur zum Zählen da sind, sondern auch, um Beziehungen zwischen Mengen abzubilden. Das ist die kulturelle Mathematik."

Ein Beispiel für die Vorbereitung auf diese denkende Mathematik ist der Gebrauch des Wortes „pro". In sechsten Klassen fand Elsbeth Stern fast kein Kind, das dieses Wörtchen kennt. Zu sagen, „pro Stunde schafft man dies und das", würde Mathematik vorbereiten. „Dann haben die Kinder ein sprachliches Konzept erworben, mit dem sie später Inhalte verknüpfen können."

Ausschnitte aus dem auf der 1. Bildungswerkstatt gehaltenen Vortrag auf DVD 2

Länge 19:00 Min.

Kapitel des Vortrags können auf der DVD einzeln ausgewählt werden

1. *Das Besondere am schulischen Lernen*
2. *Lernen: Nachholen der Kultur*
3. *Sprache: ein Denkwerkzeug*
4. *Mathematische Operationen*
5. *Auf Mathematik im Kindergarten vorbereiten*
6. *Zum Beispiel das Wort „pro"*
7. *Zusammenfassung*

Prof. Dr. Dr. h. c. mult. Rita Süssmuth,
ehemalige Bundestagspräsidentin

Achtung vor der Arbeit in Kindergärten

Die Politikerin und Professorin für Erziehungswissenschaft erinnert an den ersten Bildungsaufbruch in den 60er und 70er Jahren. Damals kamen nur 6 Prozent der Arbeiterkinder an eine Hochschule. Heute erhalten von den Migrantenkindern lediglich 3 Prozent eine höhere Bildung. Rita Süssmuth erinnert auch an die Begeisterung für neue Formen des Lernens, auch im Kindergarten. „Wir konnten uns nicht vorstellen, dass wir dies zu Beginn des 21. Jahrhunderts noch mal von vorne aufrollen müssen."

Ihre Kritik: Immer noch fängt für viele in Deutschland „der Mensch erst beim Akademiker an". Was Erzieher machen, sei dann nur „professionalisierte Mütterlichkeit". Die Deutschen sollten endlich wie die Finnen die Besten in diesen Beruf schicken und gut ausbilden. Zugleich sollte man sich auch an Fröbel erinnern. „Er war kein Betreuungsmensch, sondern einer, der es ganz ernst nahm mit der Bildung." Vieles kann man also auch in der eigenen Tradition wiederentdecken, „damit Kinder zu sich selbst vertrauenden, selbstbewussten und fürsorglichen menschlichen Wesen werden".

Rita Süssmuth ermutigt die Kitas, ihren Traditionen treu zu bleiben und diese auszubauen. „Die Innovation geht nicht nur von der Wissenschaft aus. Nein, sie geht gerade auch von Beobachtungen, Erfahrungen und Ideen von Menschen aus, die mit Kindern arbeiten."

Die Kindergärten haben in Deutschland immer noch Mühe, aus dem Schatten der Familie herauszutreten. Manche sehen in ihnen etwas Familienfeindliches. „Ich bin mal gespannt, wie lange wir die Ideologie über die erwerbstätigen und nicht erwerbstätigen Mütter noch fortführen und wann wir aufhören zu fragen, ob Bildung und Betreuung im frühen Kindesalter nicht doch schädlich sind."

Rita Süssmuth fasst als Vorsitzende der Jury des Wettbewerbs „Alle Talente fördern" ihre Eindrücke zusammen: „Da stellen Sie fest, dass die Beteiligten viel ganzheitlicher reagieren, als wir es oft in unseren operationalisierten Lernzielen zum Ausdruck bringen." Allerdings fand sie in anderen Kitas auch immer wieder, „dass Kinder häufiger unterfordert als überfordert sind". Sie sah viele Kinder mit erheblichen Lernbarrieren. Dann fragt sie sich, „wie kann ich Entwicklungsbarrieren aufbrechen und Kinder dort ansprechen, wo sie ihre Stärken haben?" Und sie fügt hinzu: „Deutschland fragt immer nach den Schwächen, statt zuvor zu fragen, wo haben die Einzelnen ihre Stärken, die es zu entfalten gilt."

Ausschnitte aus dem auf dem Bildungskongress gehaltenen Vortrag auf DVD 2

Länge 10:10 Min.

Kapitel des Vortrags können auf der DVD einzeln ausgewählt werden

1. *Erster und zweiter Aufbruch in der Bildung*
2. *Achtung für Erzieherinnen und Erzieher*
3. *Gute Kitas – Abschied vom Mythos Familie*

Prof. Dr. Wolfgang Tietze,
Professor für Erziehungswissenschaft mit dem Schwerpunkt Kleinkindpädagogik an der Freien Universität Berlin

Wie sich Qualität im Kindergarten auswirkt

Was bedeutet Qualität im Kindergarten? Wolfgang Tietze, der hierzu eine große Studie durchgeführt hat, sagt: „Das Kind ist der Maßstab, es muss sich wohl fühlen und in seiner aktuellen und zukünftigen Entwicklung gefördert werden." In seinem Vortrag entfaltet der Professor für Kleinkindpädagogik dafür Maßstäbe. Er beginnt mit den Auswirkungen: „Qualitätsunterschiede im Kindergarten machen bis zu einem Jahr Entwicklungsunterschied bei Kindern aus. Ein Kind gleicher Herkunft und auch sonst mit vergleichbaren Voraussetzungen hat in der pädagogisch besten Einrichtung den Entwicklungsstand eines Fünfjährigen und in der schwächsten den eines Vierjährigen." Vier Jahre später, am Ende der zweiten Grundschulklasse, fand Tietze Auswirkungen in der Schulleistung, in der sozialen Kompetenz und im Sprachvermögen der Kinder, „die eindeutig auf die Qualität im Kindergarten zurückzuführen sind".

Die berühmteste und aufwendigste Untersuchung über die Folgen der Vorschulerziehung ist eine US-amerikanische Langzeitstudie, das „Perry-Preschool-Projekt". Die damaligen Kinder wurden immer wieder, zuletzt noch einmal im Alter von 40 Jahren, aufgesucht. Aus den erst kürzlich veröffentlichten Daten geht hervor, dass die Folgen eines guten Vorschulprogramms durchschlagend sind: selteneres Schulversagen, weniger Sitzenbleiben, seltenere Überweisung zu Sonderschulen. Bei den Jugendlichen stellte man geringere Kriminalitätsraten fest, besonders bei den Jungen. Bei den Mädchen gab es weniger unerwünschte Schwangerschaften. Später kam es zu höheren Bildungsabschlüssen, zu höheren Einkommen und in der Folge damit also zu mehr Steuern. „Die Kosten-Nutzen-Analyse nach 40 Jahren besagt: Für 1 US-Dollar, der in die Vorschulzeit investiert wurde, bekommt die Gesellschaft 7 US-Dollar zurück."

Tietze unterscheidet drei Qualitätsbereiche:
Die Orientierungsqualität: die Konzeption der jeweiligen Einrichtung, d.h. wie sie mit Kindern umgehen will und was sie ihnen zutraut.
Die Strukturqualität: die Rahmenbedingungen, etwa das Ausbildungsniveau des Personals, der Erzieher-Kind-Schlüssel, Gruppengrößen, Räume und Ausstattung.
Die pädagogische Prozessqualität: die Art der Pädagogik und des Umgangs mit den Kindern.

In Tietzes Studien entfallen auf die Strukturqualität, also auf den vorgegebenen Rahmen und die Ressourcen, etwa 25 bis 50 Prozent der Varianz aller tatsächlich erzeugten Wirkungen für die Kinder. „Zwei verschiedene Einrichtungen oder Erzieherinnen können unter denselben Rahmenbedingungen sehr unterschiedliche Prozesse bewirken." Neben der Qualität der Einrichtungen kommt es auf die Familie an. „Die Effekte von Institutionen sind am Ende geringer als die familialen Effekte." Tietze zitiert eine stehende Wendung amerikanischer Forscher: „Good things can go together." Verschiedene positive Faktoren steigern sich gegenseitig. Er plädiert dafür, dass Kindergärten ein Qualitätssiegel gegeben oder auch verweigert werden kann. Am besten sieht er diese Evaluation und Akkreditierung bei einer unabhängigen Bildungsstiftung aufgehoben. Verbraucherschutz wäre das Mindeste. „Bei Apfelsinensaft gibt es Mindeststandards. Für Kinder nicht. Wir brauchen geprüfte Qualität von Anfang an." Die Leitung und das Team einer Einrichtung müssen wissen wollen, wo sie stehen. Nötig ist ein Belohnungssystem. „Gute Qualität muss sich lohnen. Es kann nicht länger sein, dass in einem Mangelmarkt der Kunde nehmen muss, was ihm angeboten wird. Schließlich geht es um unsere Kinder und die Zukunft."

Ausschnitte aus dem auf der 4. Bildungswerkstatt gehaltenen Vortrag auf DVD 2

Länge 11:20 Min.

Kapitel des Vortrags können auf der DVD einzeln ausgewählt werden

1. *Qualität im Kindergarten hat Folgen*
2. *Unterschiedliche Kräfte wirken auf Bildung ein*
3. *Standards für die Qualitätsentwicklung*

Prof. Dr. Friedrich Wilkening,
Professor an der Universität Zürich, Leiter der Abteilung für Allgemeine und Entwicklungspsychologie

Kinder wissen viel mehr, als wir glauben

Der Lehrer von Carl Friedrich Gauß wollte eine Stunde Ruhe vor seinen Schülern haben und beschäftigte sie mit einer Rechenaufgabe. Sie sollten alle Zahlen von 1 bis 100 zusammenzählen! Nach ein paar Minuten kam der kleine Carl Friedrich nach vorne und legte dem Lehrer einen Zettel auf den Tisch. Darauf stand die Zahl 5.050. Wie war er dazu gekommen? Er hatte gesehen, dass man Paare bilden kann. 1 plus 100, 2 plus 99 und so weiter. Jedes Paar ergibt 101. Der Erstklässler hat dann die 50 Paare mit 100 multipliziert und noch 50 mal 1 hinzugezählt.

Der Psychologe Friedrich Wilkening ist sich inzwischen sicher, dass eine Leistung wie die von Carl Friedrich Gauß kein Sonderfall ist. Lange hätte er das bezweifelt. Ursprünglich galt sein Interesse der Frage, wie Erwachsene zu ihrem Wissen gelangen. Seine Studien führten ihn zu Kindern im Vorschulalter. Bei ihnen fand er „ein Wissen, das man bisher nicht für möglich gehalten hatte, man kann es durchaus als genial bezeichnen".

Wilkening fragt weiter, „warum kennen wir so wenig geniale Leistungen von Kindern?" Seine Antwort: „Weil wir sie vergessen haben oder weil wir so etwas Kindern grundsätzlich nicht zutrauen." Dann drehte er den Spieß um. „Was hat es mit dieser Kinderfrage auf sich: Warum fällt der Apfel vom Baum nach unten und nicht nach oben?" Newtons Antwort auf diese Frage hat die Physik umgewälzt. Eine Frage von glasklarer, vorteilsloser Einfachheit. Einstein berichtete, dass ihn kindliches Fragen zu seiner Relativitätstheorie gebracht hätte. Eines Morgens hörte er in Bern die Glocken läuten. Schlag sieben. Jetzt sollte ein paar

Kilometer weiter ein Zug abfahren. Wie lässt sich feststellen, fragte er sich, ob der Zug tatsächlich mit dem Glockenschlag abfährt?

Warum können Erwachsene gewöhnlich mit solchen Kinderfragen so wenig anfangen? „Ganz einfach, weil wir Erwachsene verbildet sind." Ein Beispiel für die Fehlkonzepte sieht er in einigen Theorien des Entwicklungspsychologen Jean Piaget. Danach geht die so genannte sensomotorische Phase, in der die Entwicklung der Intelligenz mit dem Tun der Kinder verbunden ist, bei Zweijährigen zu Ende. Auf sie folge das anschauliche und symbolische Denken, in deren Operationen Kinder zunächst schwach sind. „Piagets Sichtweise des Kindes ist pessimistisch, er konstruiert ein defizitäres Kind." Wilkenings Forschungen zeigen, dass Kinder weiterhin sensomotorisch denken und wie stark sie darin sind. Er nennt das „Embodied Cognition: Wissen durch Tun".

Seine Forschungsergebnisse sind verblüffend. Zum Beispiel beherrschen Kinder im Vorschulalter „intuitiv" die Formel Geschwindigkeit ist Weg durch Zeit – auch wenn sie diese Formel so nicht formulieren. Dieses intuitive oder „Embodied" Wissen erzeugen Kinder, wenn sie mit ihrem Körper wahrnehmen und denken. Der Kopf, die Augen, der ganze Körper sind in nachahmenden und experimentellen Bewegungen. In einem Versuch sollten die Kinder die Geschwindigkeit eines Balls bestimmen. Abwurfpunkt und Ziel waren bestimmt. „Die Daten zeigen, dass Kinder diese Handlungen so ausgeführt haben, als ob sie Höhe mal Distanz multipliziert hätten." Er fügt hinzu: „Die Daten sind so rein, ich konnte es nicht glauben." Es geht um vier- und fünfjährige Kinder. „Dieses perfekte Wissen der Kinder ist ein Handlungswissen, es ist ein anderes als das explizite Wissen." Wilkening fragt sich, „sollte man nicht stärker auf dem Handlungswissen aufbauen?" Wird mit diesen Erkenntnissen über Kinder eine in Verruf geratene Intelligenz der Praxis wieder entdeckt und rehabilitiert?

Dieses Wissen ist nicht allein den besonders begabten Kindern vorbehalten. „Wir haben kaum Ausnahmen gefunden. Ich spreche von über 90 Prozent der Kinder." Wilkening hat sich gefragt, warum diese Fähigkeiten bisher von Psychologen verkannt wurden. „Weil man nach reinen Konzepten gesucht hat. Zum Beispiel nach einem reinen Konzept von Zeit, unverfälscht von Gedächtnisfaktoren, vom Körper und losgelöst vom sozialen Kontext." Dieser Glaube wurde zuerst von der Relativitätstheorie erschüttert. Wilkening argumentiert mit Einstein: „Vor der Relativitätstheorie meinte man, wenn man alle Dinge aus der Welt wegnimmt, dann bleiben nur noch Raum und Zeit übrig. Nach der Relativitätstheorie gibt es für den Fall, dass alle Dinge weg sind, auch keinen Raum und keine Zeit mehr." Wenn die Entwicklungspsychologie auf ihrer Suche nach reinen kognitiven Konzepten alle vermeintlich störenden Faktoren, wie den eigenen Körper, den sozialen Kontext, Gedächtnisfaktoren und Wahrnehmungsverzerrungen wegnimmt, so fragt Wilkening, „stehen dann nicht die Kinder am Ende ohne ihre Konzepte da?"

Konsequenzen: Kinder sind viel mehr als Erwachsene bei ihren Wahrnehmungen und Erkenntnissen darauf angewiesen, dass sie dabei tätig sind. Dafür brauchen sie Gelegenheiten. Pädagogen in Kindergärten müssen viel über Entwicklungspsychologie wissen. Auch Erkenntnistheorie schlägt Wilkening für die Ausbildung der Pädagogen für den Elementar- und Primarbereich vor. Zur Bildung von Naturwissenschaftlern könnten gute Spielplätze mehr beitragen als Physikunterricht bereits im Kindergarten. „Am wichtigsten sind eine Sensitivität für das, was in Kindern steckt, und eine optimistische Einstellung. Schlecht ist die Lehrereinstellung: Ich weiß alles, du weißt gar nichts. Alle wissen mehr oder weniger. Wir können auch zeigen, dass sich Physikprofessoren in handlungsnahen Physikaufgaben unglaublich blamieren können und manchmal, zum Beispiel wenn sie Bälle werfen sollen, weniger wissen als Kinder."

Der vollständige auf der 2. Bildungswerkstatt gehaltene Vortrag auf DVD 2

Länge 25:16 Min. (Die zum Teil schlechte Tonqualität bitten wir zu entschuldigen)

Kapitel des Vortrags können auf der DVD einzeln ausgewählt werden

1. *Das geniale Wissen der Kinder*
2. *Zum Beispiel Einstein*
3. *Piagets Irrtum. Sensomotorisches Wissen ist wichtig*
4. *Zusammenfassung*
5. *Konsequenzen*

Prof. Dr. Jürgen Kluge
Eine neue Bildungspolitik und eine andere Haltung gegenüber Kindern

DVD 1, Kapitel 1
Freiheit und Bildung sind Geschwister

Gemeinsam haben wir mitgeholfen, das Thema Bildung endlich wieder auf die Agenda der Reformdebatte in Deutschland zu setzen, gleichrangig mit Themen wie Arbeit, Gesundheit und Rente. Bis es als das entscheidende Schlüsselthema wahrgenommen wird, werden wir noch etwas arbeiten müssen.

Vor drei Jahren haben wir uns hier zu unserem 1. McKinsey-Bildungskongress getroffen. Wir haben damals vier immer noch zentrale Forderungen für eine grundlegende Bildungsreform adressiert, die unter dem Motto „Früh investieren statt spät reparieren" auf einer kompletten Neuorientierung der frühkindlichen Bildung aufbaut. Das Land, das einst dem Humboldt'schen Bildungsideal verschrieben war, Jahrzehnte als Exportweltmeister in Sachen Bildung galt und von Mitte der 60er bis Ende der 70er Jahre Bildung als Hebel für die Erschließung intellektueller Ressourcen breiter Bevölkerungsschichten einsetzte, vernachlässigte das Thema in der Folgezeit dramatisch.

Erst seit die Deutschen nach der PISA-Studie mit Scham und Neid auf Schulen in Skandinavien, in Finnland, schauen, bewegt sich etwas. Der PISA-Schock sitzt tief. Ausgerechnet in unserem Land ist die Abhängigkeit zwischen der sozialen Stellung der Familien und den schulischen Leistungen der Kinder erschreckend ausgeprägt. Es gibt kein anderes Bildungssystem in Europa, das ungerechter ist als unseres. Doch nur ein gutes PISA-Ergebnis wird nicht reichen, wir brauchen darüber hinaus eine umfassende Bildung.

Die „Süddeutsche Zeitung" kürte deshalb auch nicht die PISA-Studie, sondern den Dokumentarfilm „Rhythm Is It" zum wichtigsten bildungspolitischen Beitrag des vergangenen Jahres. Der Film zeigt, wie 250 Berliner Kinder und Jugendliche in kurzer Zeit unter Anleitung von Royston Maldoom lernen, Strawinskys „Le Sacre du Printemps" zu tanzen. Man sieht förmlich, notierte der Reporter, wie die Trägheit aus den ungelenken Körpern weicht, wie ängstliche, frustrierte Gesichter auf einmal zu leuchten beginnen, wie die Anstrengung manche Kinder über sich hinaus trägt. Man beginne zu ahnen, warum Freiheit und Bildung einst Geschwister waren. Besser kann man es nicht formulieren, welch befreiende, prägende Kraft Bildung bei Kindern entwickeln kann. Dies und nur dies ist der Grund, warum wir heute in Berlin zusammenkommen.

DVD 1, Kapitel 2
Frühkindliche Bildung schafft die Grundlage

Ich bin überzeugt: Bildung, vor allem frühkindliche Bildung, ist der Schlüssel zu allem. Wenn die PISA-Studie eine Botschaft an uns hat, dann wohl diese: Nur die Rückbesinnung auf das Elementare führt zur Verbesserung des Akademischen. Indem wir früh die Basis für Bildung legen, kommen wir zu einer neuen Erziehungs- und Bildungsbewegung. Und je früher Menschen unabhängig von ihrer sozialen Herkunft an Bildung teilhaben können, desto mehr Chancengerechtigkeit wird es geben in diesem Land. Wir brauchen einen klaren Mentalitätswechsel. Wenn Kinder eine Entwicklungschance und damit unsere Wissensgesellschaft eine Überlebenschance haben sollen, dann ist eine signifikante Verbesserung der frühkindlichen Bildung in Deutschland unumgänglich. Sie ist die Grundlage für eine Entwicklung, an deren Ende wieder eine vorbildliche Schul- und Hochschulausbildung steht, die unseren wirtschaftlichen Fortschritt sichert und den Ruf Deutschlands als Wissenschafts- und Kulturnation neu begründet.

Lassen Sie mich meine zentralen Anliegen vorwegnehmen, auf die ich im Folgenden näher eingehen will: Bildung beginnt nicht erst in der Schule. Sie beginnt mit der Geburt und wird fortgesetzt in der Krippe, in der Kindertagesstätte, die mit eigenen Leistungsprofilen auf unterschiedliche Begabungen eingeht, ohne dem Selektionsdruck der Schule ausgesetzt zu sein. Frühkindliche Bildung ist eine gesamtgesellschaftliche Aufgabe. Sie stellt höchste Ansprüche an die Aus- und Weiterbildung der Erzieherinnen und Erzieher sowie an die Qualität und das Qualitätsmanagement des Bildungsangebots. Dies gilt besonders bei der Sprachförderung und der Vermittlung musischer und mathematisch-naturwissenschaftlicher Kenntnisse. Sie stellt sich mit besserer und früherer Integration bildungsferner Schichten den sich verschärfenden sozialen Gegensätzen in unserer Gesellschaft früh entgegen. Das alles gibt es nicht umsonst: Frühkindliche Bildung erfordert zusätzliche Investitionen in Milliardenhöhe. Bildung und damit Humankapital ist die Voraussetzung für Innovation, Wachstum und Wohlstand.

Ich bin überzeugt, dass jede Diskussion über Bildung ins Leere läuft, die nicht auch die ökonomischen Grundlagen berücksichtigt, die Bildung erst ermöglichen. Und ich bin weiter davon überzeugt, dass Bildung zum Erhalt dieser wirtschaftlichen Basis immer auch beitragen muss.

DVD 1, Kapitel 3
Eine andere Haltung gegenüber Kindern

Dieser Kongress ist der frühkindlichen Bildung gewidmet. Es geht aber auch um eine andere Haltung den Kindern gegenüber. Nehmen wir unsere umfassende Forderung ernst, wonach schon Kindertagesstätten als Bildungseinrichtungen gefördert und anerkannt werden und Kindergärten für die Bildungskarriere ebenso wichtig sind wie Schulen, dann sprechen wir von einem neuen Verständnis von Kindheit und von der Stellung von Kindern in unserer Gesellschaft, nicht von einer Optimierung von Verwahranstalten.

Viele Eltern wehren sich gegen die Vorstellung, ihre Kinder könnten schon vor der Schule einem Lern- und Leistungszwang ausgesetzt sein, einem unfreien Raum sozusagen, der den Spieltrieb und die natürliche Neugier der Kinder einschränkt. Die Wirklichkeit im Land aber ist, dass der Staat mehr denn je die mangelnde Erziehung in immer weniger intakten Elternhäusern durch eine Erziehung in Gemeinschaften von Lehrenden und Lernenden ergänzt, notgedrungen ergänzen muss.

Noch mehr als unter fehlender Kinderbildung und einem romantisch verklärten Familienbild, das arbeitende Mütter mit glücklichen Kindern nicht vorsieht, leiden die Deutschen unter der Angst, die „Fron des Lernens" könne auch ihre Kleinsten erfassen. Der Spruch, wonach mit der Schule der „Ernst des Lebens" beginnt, ist symptomatisch für die Einstellung der Deutschen zum Thema Bildung: Lernen ist danach Pauken. Es bedeutet mithin Arbeit, Schweiß, Mühsal; nicht Spaß, Freude, Chance. Diese Einstellung ist fundamental falsch!

Kindheit ist eine soziale Konstruktion, eine Konvention. Geschaffen wird sie durch Werte, die eine Gesellschaft ihren Kindern zumisst. Seit der Erfindung der Kindheit in der Aufklärung hat jede Gesellschaft in ihrer Epoche ein besonderes Verhältnis von Kindheit und von den Erwartungen an Kinder entwickelt. Kindheit und kindliches Rollenverständnis sind keine fest gefügten Determinanten, sondern erklären sich aus ihrem sozialen, kulturellen und wirtschaftlichen Kontext. Dieser hat sich verändert und ist veränderbar.

Die Antike hatte keine Vorstellung von Kindheit. Auch im Mittelalter fehlt der Begriff Kindheit. Auf Bildern dieser Epoche sehen Kinder bis in die Gesichtszüge aus wie kleine Erwachsene. Erst im Barock werden die Grundlagen für die Entdeckung der Kindheit gelegt. Die Seele des Kindes ist es, die nun die ganze Aufmerksamkeit in Anspruch nimmt. Zu Grunde liegt die Idee, dass der Mensch nicht fertig geboren wird, sondern sich entwickelt. Umwelteinflüsse prägen ihn – zum Guten oder zum Schlechten. Dabei geht es nicht nur um die Bewahrung vor Überforderung, sondern auch um Formbarkeit.

Mit Jean-Jacques Rousseau beginnt das Verständnis von Kindern und Kindheit, das uns bis heute prägt: die Idealisierung. Das Kind sei aus sich heraus wertvoll. Entsprechend sei das Ziel von Erziehung, die perfekte Natur des Kindes zu bewahren. Die Folge dieser Einstellung ist das romantische Familienideal, in dem Kindheit als poetische Daseinsform und als Sehnsucht des Erwachsenen verstanden wird. Unter diesem unrealistischen Kindheitsbegriff leiden wir bis heute.

Das in Deutschland vorherrschende Bild ist geprägt durch eine romantische Überhöhung und Idealisierung der Kindheit. Sie wird als ein vom restlichen, dem ernsten Leben abgetrennter Bereich gesehen. Dieser Schonraum soll von Anforderungen möglichst freigehalten werden. Verstärkt wird diese Einstellung durch spezifisch deutsche Erfahrungen im 20. Jahrhundert. Maßlose Autorität und Furcht erregender Drill scheiterten ebenso wie maßlose Beliebigkeit und antiautoritäres Laisser-faire. Seither ist die gesellschaftliche Diskussion über Form und Inhalt von Bildung und Erziehung in Deutschland immer auch die Suche nach dem rechten Maß.

DVD 1, Kapitel 4
Den deutschen Sonderweg in der Bildung überwinden

Warum dieser Exkurs? Er soll verdeutlichen, dass unser Verständnis von Kindheit eine zivilisatorische Errungenschaft ist. Dass wir Kindern in Deutschland vor der Schule Lernerfahrungen nicht zumuten wollen, ist eben keine unveränderliche Tatsache, sondern Ergebnis unserer Einstellung und die ist in weiten Bereichen falsch. Der Versuch, den Kindern ihre Kindheit zu lassen, hat in Wirklichkeit zur Vernachlässigung von Kindern geführt.

Wenn wir also heute Defizite im Bereich der frühkindlichen Bildung in Deutschland beklagen, dann müssen wir natürlich über Strukturen und Institutionen reden. Wir dürfen dabei nicht vergessen, dass diese Strukturen und Institutionen vor allem Abbild unserer Werte, Einstellungen und Haltungen sind. Nur wenn wir auch das gesellschaftliche Bewusstsein ändern, können wir die frühkindliche Bildung in Deutschland nachhaltig verbessern.

Lernen und Anstrengung als Last zu begreifen hat dazu geführt, dass wir von frühkindlicher Betreuung statt von Bildung sprechen. Es gibt keine gesellschaftliche Übereinkunft in Deutschland mehr, Kindern zum Glück durch Anstrengung zu verhelfen. Dieses Missverständnis spiegelt den Zustand der Gesellschaft wider. In einer saturierten Gesellschaft werden Bildung und persönliche Leistungsbereitschaft nicht mehr als Grundlage für Wohlstand empfunden. Sie gelten nicht mehr als erste Bedingung für Erfolg. Konsum und Spaß lauten stattdessen die Leitmotive. Darauf kann die Zukunft unserer Gesellschaft nicht aufbauen.

Beginnen wir also, Kinder ernst zu nehmen. Beginnen wir, auf die kindliche Neugier und natürliche Lernbereitschaft zu vertrauen. Beginnen wir mit dem Lernen ab der Geburt und nicht erst in der Schule. Arbeiten wir daran, die frühkindliche Bildung als einen wichtigen Teil der Bildungsgeschichte eines Menschen zu verstehen. Und lassen Sie uns gemeinsam Kinderkrippen und Kindergärten schaffen, die den notwendigen Bildungsaufgaben gerecht werden können und die so attraktiv sind, dass Kinder gerne kommen und Eltern sie gerne schicken.

Es gibt sehr viele Erzieherinnen und Erzieher, Lehrerinnen und Lehrer in diesem Land, die dies leisten wollen und könnten – vorausgesetzt, wir schaffen die Bedingungen, damit sie ihre pädagogischen Vorstellungen in die Tat umsetzen können.

DVD 1, Kapitel 5
Ein barrierefreier Kindergarten für alle

Es hört sich ein wenig technokratisch an, aber nehmen wir die Nutzungsquoten unserer Kindergärten als Indiz. Im letzten Jahr vor der Einschulung besuchen 90 Prozent unserer Kinder einen Kindergarten. Bei den Vier- bis Fünfjährigen liegt die Quote nur bei knapp 86 Prozent. Das klingt ganz passabel, ist es aber nicht. Andere Länder bringen es auf 100 Prozent. Jedes Kind geht dort also in den Kindergarten. Wie können auch wir das schaffen?

Ich persönlich sympathisiere ganz eindeutig mit einem barriere- und gebührenfreien Kindergarten für alle Kinder bis zu sechs Jahren. Dies würde auch bedeuten: Kindergartenpflicht, wenigstens ein Jahr vor der Einschulung. Konsequent wäre ein solcher Schritt allemal: Wenn aus Kinderbetreuung Kinderbildung wird, dann sollten wir sie auch der Schule gleichsetzen. Ich bin mir der Radikalität und der vermeintlichen sozialen Unausgewogenheit einer solchen Forderung bewusst. Sozial schwache Familien sind in Deutschland bereits heute weitgehend von Gebühren für die Kinderbetreuung befreit, völlig zu Recht. Eine absolute Gebührenbefreiung würde zuvörderst gut gestellte Familien entlasten.

Wie aber bekommen wir dann mehr Kinder in die Kindergärten? Doch nur mit einem dramatisch verbesserten Betreuungs- und Bildungsangebot! Kinderkrippen und Kindergärten müssen so attraktiv werden, dass man einfach nicht daran vorbeikommt. Dies gilt besonders für die Kinder, die das Angebot am dringendsten brauchen: Kinder aus unsicheren sozialen Verhältnissen, mit schwierigem Elternhaus, aus Migrantenfamilien. Obwohl sie in den meisten Fällen nichts zahlen müssen, kommen sie trotzdem nicht. Deshalb die Pflicht! Die moderne Lernforschung zeigt: Je früher Kinder aus sozial benachteiligten Milieus und aus Migrantenfamilien etwa mit Spracherziehung in Kontakt kommen, desto wahrscheinlicher haben sie später in Schule und Beruf Erfolg.

Bedrückend ist zum Beispiel, dass ein Kind aus der Mittelschicht bis zur Einschulung auf 1.700 Stunden Bilderbetrachtung oder Vorlesezeit zusammen mit den Eltern kommt; Kinder aus sozial schwachen Milieus im Durchschnitt aber nur auf 24.

Kindertagesstätten müssen solche Kinder besser, vor allem früher erreichen. Sie müssen stärker gefördert werden als andere. Der normale Betreuungsschlüssel einer deutschen Kindertagesstätte beträgt 1 : 14. Auf eine Betreuerin oder einen Betreuer kommen also durchschnittlich 14 Kinder. Wünschenswert wäre ein Verhältnis von 1 : 7 wenigstens für die 20 Prozent aller Kinder, die in Deutschland aus den sozial schwächsten Schichten kommen und in Brennpunktbezirken leben.

Die Sure Start Centres in England zeigen, wie in solchen Brennpunkten aus reinen Kinderbetreuungsstätten Familienzentren werden: Eltern sind in die Betreuung ihrer Kinder viel stärker eingebunden, das Sozialamt bietet in diesen Zentren Leistungen an, der Kinderarzt kommt dorthin, Mütter und Väter selbst können sich dort weiterbilden. In Anlehnung daran fordern wir deshalb in Deutschland ein neues Programm „Chancengerechtigkeit" für Kinder in sozialen Brennpunkten. Damit wollen wir uns auf das konzentrieren, was am dringendsten ist: die Erhöhung der Betreuungsquote in bildungsfernen Milieus und die intensive Einbindung der Eltern in die Arbeit der Erzieherinnen und Erzieher.

Gleichzeitig wollen wir die finanzielle Hürde für solche Familien noch einmal senken, indem wir den Essensgeldzuschuss, den sie leisten müssen, bundesweit und für alle streichen. Ein verbessertes Angebot in den bestehenden Einrichtungen muss mit einer entsprechend höheren Zahl von Kinderkrippen und Kindergärten einhergehen. Vor allem im Westen des Landes fehlen, anders als im Osten, Krippen. Zugegeben: Es wird einiges getan. Aber weitere Investitionen in Milliardenhöhe sind notwendig, um eine Nutzungsquote von mindestens 25 Prozent zu erreichen. Gewinner wären nicht nur die Kinder. Auch die Frauen würden gewinnen, die heute in unserer Gesellschaft häufig lieber ganz auf Nachwuchs verzichten, als sich dem Vorwurf auszusetzen, ihn zu vernachlässigen, wenn sie ihr Kind in die Kita geben. Die Zukunftsfähigkeit unseres Gemeinwesens hängt davon ab, wie junge Paare es schaffen, Beruf und Kinder unter einen Hut zu bringen. Besonders die Frauen leiden heute unter der Unvereinbarkeit von Kind und Beruf. Ausgerechnet die Frauen mit der besten Ausbildung und den attraktivsten Verdienstmöglichkeiten wollen die wenigsten Kinder. Unser Kindergeld ist eine gigantische Fehlinvestition: Die Deutschen sterben trotzdem aus.

Dies wären also unsere beiden ersten Forderungen – erstens: mehr Kinder in die Kitas! Und zweitens: mehr Chancengerechtigkeit für Schwache!

DVD 1, Kapitel 6
Qualität sichern

Die dritte Forderung lautet: Qualität braucht Kontrolle!

Man muss kein PISA-Fan sein, um anzuerkennen, dass die Untersuchung zum ersten Mal in dieser Form in Deutschland ein breites Bewusstsein für den Zustand unserer Schulen geschaffen hat. Der wirkliche Nutzen der PISA-Studie ist das Ausmaß an Transparenz, das sie schafft. Transparenz heißt, den Unterschied zu erkennen zwischen gut und schlecht. Weil alle Schlechten gut und die Guten noch besser werden wollen, steigt die Qualität. Und die muss man messen!

In der Wirtschaft ist das gang und gäbe, eine Banalität. Ein Unternehmen, das schlechte oder auch nur inhomogene Qualität herstellt, hat keine Überlebenschance. In den vergangenen Jahren haben Bundesländer und Träger von Kindertagesstätten zahlreiche, teilweise sehr unterschiedliche Systeme zur Qualitätsmessung entwickelt. Leider nicht mit durchschlagendem Erfolg.

So hat sich die im Jahr 2000 vom Bundesfamilienministerium gestartete nationale Qualitätsinitiative trotz des guten Ansatzes weitgehend aufgerieben. Wer sind eigentlich die Treiber von Veränderung? Wer hat das Sagen? Wer bestimmt in Deutschland, was gut für Kinder ist und was nicht?

Die Malaise beginnt damit, dass die Länder peinlich genau ihre Hoheit über Bildung einklagen, jedes natürlich für sich. Genau dies ist in meinen Augen ein Teil des Problems. Wollen wir einen Weg aus dem von Bevormundung überwucherten Zuständigkeitsdschungel heraus finden und zu schnellen Entwicklungsschritten kommen, brauchen die Bildungseinrichtungen in Deutschland glasklare Vorgaben und gleichzeitig ein Höchstmaß an Autonomie für einen kreativen Wettbewerb um mehr Qualität.

Ich halte deshalb bundesweit gültige Standards für unabdingbar. Die Länder sollten sich auf diesem Feld schrittweise zurückziehen und der Bildung mehr Raum für Selbstverantwortung überlassen. Ich denke dabei an eine unabhängige Institution, die unsere Kitas regelmäßig evaluiert, manche würden sagen: ihnen auf den Zahn fühlt. Ich plädiere für ein unabhängiges Qualitätssiegel, eine Zertifizierung, die Kitas je nach Leistungsstand und Zielerreichung auszeichnet und zur kontinuierlichen Verbesserung anregt.

Wie würde das gehen? Bewertet wird, bundesweit vergleichbar, nach harten Kriterien für Struktur, Kontext und Prozesse und vor allem für das Bildungsergebnis. Aber auch Kinder werden nach ihrer Meinung gefragt und natürlich die Eltern. Die Bewertung durch Dritte wird in unserem Modell von einer onlinebasierten Selbstevaluation flankiert und ergänzt. Wir schaffen damit nicht nur Transparenz, zum Beispiel im Internet, des Angebots zum Nutzen von Eltern und Kindern. Ein solches Gütesiegel ist auch ein ungeheurer Anreiz, ständig besser zu werden. Kitas, die ihre Ziele verfehlen, bekommen, wenn Sie so wollen, „Nachhilfe". Wenn auch das nichts nützt, droht der Entzug des Zertifikats. Es wird spätestens alle drei Jahre erneuert. Der Check dauert drei Tage für jede Kita. Zwischen 300 und 350 Qualitätsentwickler sind nach unseren Schätzungen für eine kontinuierliche Evaluation aller Kitas in Deutschland notwendig. Manche von Ihnen werden einwenden, dass eine der wesentlichen Herausforderungen unserer Tage darin besteht, Bürokratie ab- und nicht aufzubauen. Wer kontrolliert schließlich die Kontrolleure?

Ich muss gestehen: Sie haben absolut Recht! Qualität muss erzeugt werden und sollte nicht herbeigeprüft werden müssen. Trotzdem ist dieser erste Schritt einer konsequenten Qualitätsmessung notwendig, um die Veränderung einzuleiten. Er muss ergänzt werden von unserer vierten Forderung:

DVD 1, Kapitel 7
Bessere Ausbildung für Vorschulpädagogen

Höherqualifizierung von Erzieherinnen und Erziehern! In Deutschland kümmern sich zurzeit rund 375.000 Fachkräfte, darunter 240.000 Erzieherinnen und Erzieher, tagtäglich um die Betreuung unserer Kleinsten. Ein Erzieher ist bei uns im Schnitt 40 Jahre alt – und für manchen trifft zu, was für Lehrer gilt: Der Job gleicht manchmal eher einem Zustand als einem Beruf. Erzieherinnen und Erzieher erleben ihren Alltag oft anstrengender als Polizisten oder Feuerwehrleute.

Jeder Grundschullehrer braucht in Deutschland ein Hochschulstudium. Erzieherinnen und Erzieher brauchen das bei uns nicht – und erfüllen doch keine anspruchslosere Aufgabe. Ich glaube: Sie leisten eine gute Arbeit. Und deshalb haben sie einen Anspruch auf Unterstützung. Wenn wir Kindertagesstätten als Bildungseinrichtungen begreifen und das Personal nicht nur einen Betreuungsauftrag hat, sondern auch einem Bildungsauftrag nachkommt, dann ist es nur recht und billig, dass die bisherige Ausbildung deutlich verbessert und damit der Beruf für engagierten Nachwuchs insgesamt attraktiver gemacht wird und auch in der Öffentlichkeit mehr Anerkennung findet.

Wir fordern deshalb als klaren Verbesserungsschritt: Bachelor-Abschluss als zwingende Voraussetzung für alle Erzieher und Erzieherinnen – als Einstiegsvoraussetzung und auch als unverzichtbares Weiterbildungsziel. Was bedeutet dies konkret?

Auch künftig bleiben die Fachschulen neben der Fachhochschule die Basis der Ausbildung von Erzieherinnen und Erziehern, allerdings für den Bachelor-Abschluss um ein Fachhochschuljahr verlängert. Dieses Jahr kann man entweder direkt an der Fachhochschule absolvieren oder sich über einen gewissen Zeitraum durch Ansammeln von Punkten im Rahmen der Weiterbildung verdienen. So weit die gute Nachricht.

Die schlechte: Bis die Hälfte aller arbeitenden Erzieherinnen und Erzieher diesen neuen Abschluss hat, vergehen im normalen Generationswechsel leicht 15 bis 20 Jahre. So viel Zeit haben wir nicht. Deshalb kommt der Weiterbildung eine ganz besondere Bedeutung zu. Jede aktive Erzieherin, jeder aktive Erzieher sollte einer Pflicht zu regelmäßiger Weiterbildung nachkommen und jetzt schon die Möglichkeit erhalten, durch gezielte Fortbildung den Bachelor-Abschluss zu erwerben. Basis ist ein Weiterbildungscurriculum, das ständig neuen wissenschaftlichen Erkenntnissen aus der Entwicklungspsychologie, der Neurobiologie, der Medizin, der Soziologie und der Pädagogik angepasst wird.

Dies ist jedoch nur der eine Teil. Der andere sind zunehmend Schwerpunkte in Themen wie Sprachförderung, Naturwissenschaften oder ästhetische Bildung sowie begleitende Methodik. Aufgebaut ist das Programm nach Modulen. Für jede Stufe gibt es Punkte. Am Ende winkt der Abschluss.

Qualitätsoffensive, akademische Ausbildung von Erzieherinnen und Erziehern, mehr Chancengerechtigkeit für bildungsferne Bevölkerungsgruppen und mehr Krippen – dies sind die vier Eckpunkte einer Reform unserer frühkindlichen Bildung.

DVD 1, Kapitel 8
Bildung ist eine Investition

Kultur, Bildung und Wissenschaft sind das Eigenkapital Deutschlands im Wettbewerb mit der globalen Konkurrenz. Wer diese Standortfaktoren vernachlässigt, führt Deutschland auf den Weg zum geistigen Billiglohnland. Das sagt der Generaldirektor des Germanischen Nationalmuseums von Nürnberg.

Es gibt kaum eine bessere Anlagemöglichkeit, als in Bildung zu investieren. Ich sage bewusst Investition. Allzu häufig wird von Kosten gesprochen. Kosten sind in der Regel schlecht. Investitionen sind gut. Am besten ist es, wir investieren in Menschen.

Natürlich haben wir uns Gedanken gemacht, wie viel Geld wir in dieses neue Vier-Punkte-Programm investieren müssen und woher es kommen soll. Um es frei auszusprechen: Wir brauchen dazu bis zu 6,5 Milliarden Euro zusätzlich im Jahr! Viel Geld, werden einige von Ihnen sagen, wenn sie gleichzeitig den Zustand unserer öffentlichen Finanzen betrachten.

Wenig würde ich sagen, wenn Sie daran denken, was andere Länder investieren. In unserer Rechnung schlagen sich mit 2,1 Milliarden Euro der Ausbau der Krippenplätze und die Übernahme des Essensgeldes, rund 500 Millionen Euro pro Jahr, besonders nieder. Ein besseres Bildungs- und Betreuungsangebot an sozialen Brennpunkten würde noch einmal rund 1,1 Milliarden Euro im Jahr kosten.

Rund 200 Millionen Euro jährlich fließen in das Qualitätskonzept. Etwa 300 Millionen Euro per anno kostet die dringend notwendige Höherqualifizierung unserer Erzieherinnen und Erzieher. Weil sie dann auch besser bezahlt werden müssen, brauchen wir noch einmal bis zu knapp 2,3 Milliarden Euro jährlich, von denen ein Teil in Form von höheren Steuern und Abgaben aber wieder zurück in die Staatskasse fließt.

Unser Vorschlag zur Finanzierung lautet, statt in Kindergeld in staatliche Infrastruktur zu investieren, also zum Beispiel auf eine aktuell diskutierte weitere Erhöhung des Kindergelds zu verzichten – gemessen an der letzten Kindergelderhöhung von 2002 würde dies mindestens rund 2 Milliarden Euro bedeuten. 4,5 Milliarden Euro werden über Steuern finanziert. Wir favorisieren ein Modell, das sich an dem Modell der Finanzierung des Aufbaus von Ganztagsschulen orientiert: Der Bund stellt Geld, derzeit immerhin 4 Milliarden Euro, zur Verfügung und setzt auf eine weitgehend autonome Verwendung – ein Beispiel dafür, wie sich der Bund auf seine Kernaufgabe zurückzieht. Er muss nicht bis ins Kleinste regulieren. Er bestimmt die Spielregeln.

Ich weiß sehr wohl, dass unser Vorschlag, das Kindergeld anzutasten, auf wütenden Widerstand stoßen wird. Dies trifft natürlich alle jene, die darauf angewiesen sind oder jeden Monat fest damit rechnen.

Dagegen könnte man jedoch genauso gut einwenden, was eigentlich an einem System sozial gerecht sein soll, das Multimillionäre als Empfänger von Kindergeld Sozialhilfeempfängern gleichstellt, ohne dass dadurch auch nur ein Kind mehr in Deutschland geboren wird? Und ist es nicht eine geradezu absurde Diskussion, Studiengebühren zu verweigern und Kita-Gebühren zu erheben? Ich meine schon!

Tatsächlich werden durch höhere Steuern, die frühkindliche Bildung künftig zur Finanzierung braucht, Besserverdienende stärker in die Pflicht genommen. Sie zahlen also ihren Obolus, der wichtig zu sein scheint, in einem Staat, dessen Umverteilungsmechanismus so ausgeprägt ist, dass es praktisch nichts mehr gibt, was man noch umverteilen könnte – außer Schulden. Vielleicht hilft eine andere Sicht, die Diskussion zu versachlichen, nämlich die Frage, welchen unmittelbaren volkswirtschaftlichen Nutzen eine Gesellschaft davon haben kann, wenn die häusliche Betreuung von Kindern durch Kitas oder Kindergärten ersetzt bzw. ergänzt wird.

Wie zahlen sich Investitionen in qualitativ hochwertige frühkindliche Bildung später ökonomisch aus? Langzeitstudien, die sich auf Vorschulprogramme stützen, versprechen eine Rendite von 12 Prozent. Hochschulausbildung zum Beispiel liegt deutlich dahinter zurück: zwischen 3 und 4 Prozent.

DVD 1, Kapitel 9
Warum ausgerechnet McKinsey?

Warum ist mir, ist McKinsey das Thema Bildung so wichtig? Was ist eigentlich unsere Legitimation? Dahinter steht oft der Vorwurf, McKinsey arbeite mit typischem Effizienz-Rigorismus an der fortschreitenden Ökonomisierung unserer Bildung – gepaart mit der Unterstellung, wir würden uns unsere Berater oder nur ihrem Selbstzweck dienende Eliten jetzt schon im Kindergarten backen. Das ist natürlich grober Unsinn. Dennoch wähle ich in diesem Zusammenhang mit Bedacht und Absicht gerne das so genannte Unwort des Jahres 2004: Humankapital.

Wer behauptet, Begriffe wie Humankapital reduzierten den Mensch auf seine ökonomische Funktion, hat sich nicht mit dem Konzept beschäftigt und verschließt die Augen vor der Realität. Unsere Realität ist vom globalen Wettbewerb geprägt. Mit der rasanten technologischen Entwicklung wandeln sich Industrienationen zu Gesellschaften, in denen das Wissen das am meisten umkämpfte und wertvollste Gut ist.

Schon heute machen Kreativität und Einfallsreichtum 5 von 10 Euro in der Wertschöpfungskette aus. In vielen Branchen bereits mehr. Noch vor wenigen Jahrzehnten wurde der Wert einer Werkzeugmaschine größtenteils durch ihren Materialwert und ihre Produktionskosten bestimmt, heute nur noch zu etwa 20 Prozent. Der größte Teil des Wertes sind Entwicklung oder Software und Design, also Wertschöpfungsfaktoren mit hoher Wissensintensität. Wissen wird zum entscheidenden Standortfaktor für jede Gesellschaft im globalen Wettbewerb.

Nur eine hoch entwickelte, führende Volkswirtschaft kann den Wohlstand erhalten. Bildung ist in diesem Kontext die volkswirtschaftlich wichtigste Investition. Wer nicht investiert, fällt ab. Wer abfällt, nimmt schleichende Verluste in Kauf. Das Ergebnis ist schleichende Verarmung, wie wir sie heute schon beobachten können.

Seit Jahren werden die entwickelten westlichen Volkswirtschaften als Risikogesellschaften bezeichnet, in der Regel im Diskurs über die Folgen neuer Technologien. Wir sollten beginnen, fehlendes Wissen als Risikofaktor zu begreifen.

Entweder gelingt es, wieder mit hervorragend ausgebildeten Menschen die weltweite Deutungshoheit in den maßgeblichen, überdurchschnittliches Wachstum erzeugenden Wirtschaftsbereichen, in Wissenschaft und Kultur zu erlangen, oder Deutschland verliert an Bedeutung, wirtschaftlich, sozial und kulturell.

Darf vor dem Hintergrund wirtschaftlicher Notwendigkeiten die Bildungsmisere in Deutschland zum Thema gemacht und ein bestimmtes Konzept von Bildung verlangt werden? Oder sollte nicht Bildung ein den ökonomischen Forderungen enthobener Begriff sein, Nutzen- und Anwendungserwägungen in Bildung und Erziehung keine Rolle spielen?

Diese Fragen setzen einen Gegensatz zwischen wirtschaftlich verwertbarem Wissen sowie Ausbildung auf der einen Seite und Bildung auf der anderen Seite voraus. Ihnen zu Grunde liegt auch die Annahme von grundsätzlich widerstrebenden Interessen in Wirtschaft und Gesellschaft. Dieser Gegensatz ist fragwürdig, ja, ich würde sagen, er ist falsch! Wirtschaft und Gesellschaft stehen sich nicht feindlich gegenüber. Sie bedingen einander.

DVD 1, Kapitel 10
Bildung und Arbeit ermöglichen gesellschaftliche Teilhabe

Die Bedeutung der Arbeit verdeutlicht diese Beziehung besonders anschaulich. Sie hat gesellschaftliche und wirtschaftliche Funktion. Arbeit ist heute zumeist keine Fron und dient nicht nur dem Broterwerb. Sie ist vielmehr die beste Möglichkeit, Menschen die Entwicklung ihrer Talente zu ermöglichen, ihnen schöpferische Betätigung zu erlauben und sie in die Gesellschaft zu integrieren. Arbeit ist nicht der Sinn des Lebens, aber gerade in einer auf Freizeit fixierten Gesellschaft muss vergegenwärtigt werden, dass ein erfülltes Leben ohne Arbeit und Betätigung kaum denkbar ist.

Daher müssen wir uns für eine Bildung stark machen, die es den Menschen erlaubt, sich selbst zu erhalten. Dies heißt nichts anderes, als arbeitsfähig zu werden. Erst so wird auch gesellschaftliche Teilhabe möglich. Und Selbstbestimmung, Autonomie, Freiheit. Machen wir also Schluss mit der Gleichgültigkeit, mit der die Gesellschaft ihren jüngsten Mitgliedern begegnet.

Hören wir auf, Kinder systematisch zu unterschätzen. Begreifen wir Kinder als vollwertige Menschen. Nehmen wir sie mit all ihren Bedürfnissen ernst. Erkennen wir die natürliche Lernbereitschaft und Lernbegierde der Kinder an. Lassen Sie uns gemeinsam alle Talente fördern. Lassen Sie uns ein System frühkindlicher Bildung in Deutschland errichten, das sich aller unterschiedlichen Begabungen der Kinder annimmt und ihnen Chancen gibt, sich auszuprobieren und ihr Potenzial voll zu entwickeln. Denn diese Form der kindlichen Selbstverwirklichung wird unseren zukünftigen kulturellen und wirtschaftlichen Wohlstand gewährleisten und den sozialen Zusammenhalt in unserer Gesellschaft sichern.

McKinsey ist Experte für Veränderung. Viele halten uns für Besserwisser. Wir nehmen aber auch für uns in Anspruch, Bessermacher zu sein. Und: Wir sind uns unserer gesellschaftlichen Verantwortung bewusst. Daher lassen wir es nicht bei Problembeschreibung und Lösungsvorschlägen bewenden. Wir wollen verändern. Daher schreiten wir vom Konzept zur Tat.

In Berlin und einer zweiten Region werden wir gemeinsam mit dem Chemiekonzern BASF und anderen Sponsoren die Träger der Evangelischen Kirche und der Kommunen dabei unterstützen, eine Qualitätsoffensive in die Fläche zu tragen. Wir werden ein System entwickeln, das die bestehenden guten Ansätze im Bereich der frühkindlichen Bildung bündelt, in der Praxis umsetzt und weiter verbessert.

Dabei stehen folgende Elemente im Mittelpunkt: die Umsetzung der aktuellen Bildungsprogramme unter einer einheitlichen Ausrichtung; eine zielgerichtete Weiterbildung der Erzieherinnen und Erzieher; die stärkere Einbindung der Eltern; eine konsequente Qualitätsentwicklung; ein effizienter Ressourcenumgang und die Erleichterung des Übergangs in die Grundschule.

Dazu werden wir in jeder der beiden Regionen mit jeweils rund 50 Kindertagesstätten eng zusammenarbeiten. Die dabei gewonnenen Erfahrungen werden wir allen Trägern zur Verfügung stellen, die sich ähnlich weiterentwickeln wollen.

Es kommt noch ein zweites Projekt hinzu: Wir werden mit der Helmholtz-Gemeinschaft und acatech, dem Konvent für Technikwissenschaften der Union der deutschen Akademien der Wissenschaften, ein ehrenamtliches Mentorenprogramm für den frühkindlichen Bereich aufbauen. Viele verbundene und befreundete Naturwissenschaftler helfen dabei. Sponsoren aus der Privatwirtschaft werden das Programm finanzieren und so eine langfristige und unabhängige Programmarbeit ermöglichen.

Der Verbund von Wissenschaft, Wirtschaft und pädagogischem Know-how wird Weiterbildungsprogramme für Erzieherinnen und Erzieher anbieten. Kern des Programms ist die Konzentration auf Alltagserlebnisse und Experimente, die ohne großen Aufwand, aber mit bleibenden Eindrücken realisiert werden können. Wie im französischen Modell „La Main à la Pâte“ wollen wir Kinder schon früh für das Faszinierende der Natur und ihrer Phänomene begeistern und erklären, warum der Himmel blau ist, der Mond nicht runterfällt oder Schiffe schwimmen, Steine aber nicht.

Dies sind erste Schritte. Unser Kongress hat das Ziel, viele weitere Schritte zur Verbesserung der frühkindlichen Bildung in Deutschland folgen zu lassen und damit ein Bündnis für Kinder in Gang zu setzen, dem sich Politik, Wirtschaft, Wissenschaft, Kunst, Kultur und Öffentlichkeit verpflichtet fühlen. Veränderungen sind notwendig. Veränderungen sind machbar – Veränderungen, die darauf abzielen, mehr Kinder vor allem aus sozial benachteiligten Verhältnissen von besser ausgebildeten Erzieherinnen und Erziehern frühzeitig an die Wunderwelt des Wissens heranzuführen. Es liegt an uns, ob zukünftig in Deutschland alle Talente gefördert werden. Etwas anderes können wir uns schlicht nicht leisten.

Reinhard Kahl
Anfänger gesucht – oder: Wie kommt das Neue zur Welt?

„Der Anfang ist auch ein Gott, wo er waltet, rettet er alles!"
PLATON

„Ihr seht schon ganz manierlich aus, kommt mir nur nicht absolut nach Haus."
JOHANN WOLFGANG VON GOETHE

„Die Welt liegt zwischen den Menschen, und dieses Zwischen ist heute Gegenstand der größten Sorge – viel mehr als, wie man häufig meint, die Menschen oder gar der Mensch."
HANNAH ARENDT

Deutschland vermisst seine Kinder. Kommt nun zu all den anderen Krisen auch noch die demographische Verfinsterung? Lauter letzte Menschen in einem Land ohne Zukunft? Nach uns die Mutation? So spricht die katastrophenverliebte, die panische Stimme. Ein Ton, der den Deutschen liegt, der aber vielen hierzulande langsam über ist.

Ein vollständigeres Bild wäre dieses: Deutschland vermisst seine Kinder und die Deutschen beginnen, sie neu zu entdecken. Aber erst langsam.

Zuerst fehlten die Kinder in den Statistiken der Demographen. Das „Fertilitätsniveau" sank und sinkt und wird weiter sinken. Heute ziehen 1.000 Frauen in Deutschland 670 Töchter groß. Denen folgen 450 Enkelinnen. Und die bringen noch 300 Urenkelinnen zur Welt. Der Diagnose der Bevölkerungswissenschaftler folgte der Alarm der Rentenpolitiker: Wie sollen immer weniger Junge für die vielen, zudem immer älter werdenden Alten sorgen? Der Dritte im Bund war die Wirtschaft: „Die Fachkräfte sind heute schon knapp. Die Verfügbarkeit von Humankapital wird sich zusehends verschlechtern und zur Wachstumsbremse", warnte Michael Hüther, Direktor des Instituts der Deutschen Wirtschaft.

So oder so ähnlich klangen zunächst die Vermisstenanzeigen für den ausbleibenden Nachwuchs. Aber fehlten da neben den unterzeichnenden Fachleuten für Demographie, Renten und Wirtschaftswachstum nicht andere Stimmen? Zunächst blieben die Personalchefs, Bürgermeister und Statistiker unter sich und drohten, wenn das so weiter ginge, müssten bald Schulen, Schwimmbäder, Fabriken und, wer weiß, vielleicht irgendwann auch die Konten der Rentner geschlossen werden. Aber es ging so weiter. Im Jahr 2005 verringerten sich die Geburten um weitere 4,2 Prozent, stärker noch als in den Vorjahren, obwohl der große Alarm nun schon einige Zeit anhielt. Im europäischen Vergleich lag Deutschland im Jahr 2005 mit 8,5 Geburten je 1.000 Einwohner auf dem letzten Platz. Irland und Island brachten es auf 15,2 bzw. 14,5 und Schweden sowie Finnland auf 11 Neugeborene.

Nun sahen die seit ein paar Jahren arbeitslos gewordenen deutschen Apokalyptiker ihre Chance. No Future II. Ihr Tenor: Deutschland, das Schwundland, wird bald zumindest teilweise menschenleer sein. „Ab in die Wälder – Wölfe treten an die Stelle der Menschen", schrieb „DER SPIEGEL" über die demnächst entvölkerten Regionen. Tatsächlich gelten Teile von Mecklenburg-Vorpommern nach den Normen der EU-Statistik bereits als unbevölkert. Das gleiche Magazin benannte eine Titelgeschichte über die vermeintlich aufziehende Welt vereinzelter Einzelkinder in Restfamilien „Unter Wölfen". In der Tat werden Kinder überall zur Minderheit. In allen Regionen. In den meisten Familien. In der Öffentlichkeit. Stimmt ja alles. Aber etwas kommt in diesem Sorgendiskurs einfach nicht vor. Die Kinder. Wo ist das Interesse an ihnen? Vor allem das an den bereits geborenen? Ist es vielleicht ganz folgerichtig, dass sich der Nachwuchs rar macht, wenn nur diese Instanzen, die sich bisher zu Wort gemeldet haben, ihm vorwerfen, nicht zahlreich genug zu erscheinen? Es ist schon merkwürdig, neben dem gestochen scharfen Katastrophenbild gibt es einen riesigen blinden Fleck.

Um ihn zu orten, stelle man sich vor, all die demographischen, renten- und arbeitsmarktpolitischen Probleme, die der Öffentlichkeit Angst machen, wären durch einen politischen Zauber lösbar. Gesetzt den Fall, wir bekämen Zuwanderung von den tatendurstigen Eliten der Dritten Welt, dazu eine wunderbare Geldvermehrung in den Rentenkassen und auch intelligente Roboter. Nur ein Gedankenspiel – mit dem Ergebnis, dass die bisher beklagten Folgen des extremen Geburtenrückgangs gegenstandslos würden. Mangel an späteren Arbeitskräften, an Steuer- und Rentenzahlern wäre also nicht mehr zu beklagen. Nur der an Kindern. Aber wem würden sie dann noch fehlen? Würde die Sehnsucht nach ihnen noch zum Alarm in der Öffentlichkeit reichen? Wir nähern uns langsam dem deutschen Problem.

Dazu ist vielleicht noch ein weiteres Gedankenspiel aufschlussreich. Man stelle sich eine Welt ohne Kinder vor. Im Alltag. Bitte einen Moment von dem abstrakten Gedanken an den Nachwuchs als künftige Erwachsene einmal ganz absehen! Sich einfach eine Welt weitgehend ohne Kinder vor Augen führen. Dann sehen wir, den meisten fehlen gar nicht die Kinder, ihnen fehlt einfach die Lust auf sie. Übrigens müssten es ja nicht unbedingt die eigenen sein.

In einer Welt, in der die Kinder selten und seltener werden, fühlen sich auch kinderwunschresistente Erwachsene langsam verloren. Ihre Lebenswelt wird alt. Nicht nur sie selbst. Der menschlichen Sterblichkeit fehlt das Gegengewicht, das Hannah Arendt „Natalität" oder auch „Gebürtlichkeit" nannte. Kinder sind eben nicht nur der Nachwuchs für die Subsysteme der Gesellschaft. Um diese am Laufen zu halten, bekommt niemand ein Kind. Selbst wenn hohe Gebärprämien ausgesetzt würden, wäre der Effekt wohl gering. Aber in was für eine Gesellschaft würden wir mit solchen Prämien eigentlich geraten? In eine, in der man vom „Rentenfutter" spricht?

Nochmals: Warum werden die Kinder selbst so wenig vermisst? So wie sie jetzt sind. Hier und heute. Ohne weitere Gründe, außer dem einen, dass wir sie mögen. Wer singt das schöne Lied: „Wie schön, dass Du geboren bist, wir hätten dich sonst sehr vermisst"?

Ohne Kinderwunsch bleibt das Alarmieren und Drohen unfruchtbar, ja, es erweist sich als ein Teil des beklagten Problems. Gäbe es also nur das demographische Unglück, es sähe wirklich finster aus. Aber da ist auch noch eine andere Seite. Immer mehr Menschen erschrecken darüber, dass sie gar keine Kinder mehr kennen. Manch edle Wohnstraße ist kinderfrei. Ist die Generationenmischung nur noch eine Erinnerung an die eigene Kindheit? Viele Menschen wollen lieber von der ungestümen Energie und dem unersättlichen Fragen der nervenden Kleinen verschont bleiben. Gerade sie aber bräuchten Kinder, von denen sie ins Leben hineingezogen werden. Gewiss, Kinder stören. Sie unterbrechen Routinen. Ja, sie sind die genialen Unterbrecher und Neuanfänger. Und genau dieses Unterbrechen und Neuanfangen fehlt der Gesellschaft insgesamt. Wo ist die Unruhe im Uhrwerk? Unterbrechen und Neuanfangen ist ebenso wichtig wie das Weitermachen, dessen Gefährdung so häufig beschrieben wird. Neuanfänge und Kontinuität kann man natürlich so wenig gegeneinander ausspielen wie den Plus- gegen den Minuspol oder wie die Vergangenheit gegen die Zukunft. Kinder sind die Zukunft in einem doppelten Sinne. Sie sind nicht nur eine Zukunft, die brav in die Fußstapfen der Vergangenheit tritt, eine, über die man genaue Aussagen machen kann, Prognosen exakt bis hinter das Komma, als wäre sie bereits geschehen.

Kinder sind vor allem eine ganz andere Zukunft. Eine, die wir nicht kennen und die wir überwiegend niemals kennen lernen können, weil ja die meisten Möglichkeiten, die die Zukunft bereithält, nie verwirklicht werden. Das wäre noch ein Gedankenspiel, eines das hilft, den Möglichkeitssinn zu weiten. Dieser Sinn für eine offene, unendliche Zukunft, für Kontingenz und Unverfügbarkeit ist in Deutschland schwach. So schwach wie der freundliche, neugierige und erwartungsvolle Blick auf Kinder jenseits von Demographie & Co. Ist vielleicht die Intensität des Kinderwunsches verwandt mit dem Grad der Lust auf eine unbekannte Zukunft? Haben wir eine schlechte Balance von Wirklichkeits- und Möglichkeitssinn?

Wenn das Verhältnis zu Kindern so eng mit dem Verhältnis zur Zukunft verflochten ist, dann stellt eine neue Aufmerksamkeit für Kinder, auch wenn sie mit dem Schock über den Kindermangel beginnt, eine enorme Chance dar. Zur demographischen Erregung kommt eine neue Aufmerksamkeit für die frühen Jahre. Sie werden als Bildungszeit entdeckt. Was heißt Bildungszeit? Es geht dabei nicht nur darum, dass alle gut qualifiziert sein sollen. Das wäre der Mindesteinsatz, der allerdings in Deutschland einem Viertel der nachwachsenden Generation vorenthalten wird, wie die PISA-Studien zeigen. Bildung ist noch etwas anderes. Es ist das Versprechen, dass all die verschiedenen Individuen ihr Eigenes ins Spiel bringen und mit ihren Talenten wuchern können.

Wie also bekommt das Neue, das Noch-nie-da-Gewesene, eine Chance? Die japanische Tradition könnte uns auf die Sprünge helfen. Sie hat gar keinen Begriff, der unserer Konstruktion von Zukunft entspricht. Zukunft ist dort etwas, das sich in Lücken, die man in der Gegenwart für das Unerwartete lässt, einnistet. Das Neue ist ein scheues Geschöpf. Es kommt auf Umwegen. In der Sprache der Systemtheorie würde man sagen, es ist ein emergenter, also völlig unbeabsichtigter Effekt. Einer, den man leicht übersehen kann. Denn mit fester Absicht und klarem Ziel kann ja nur etwas hervorgebracht werden, das man bereits kennt, wovon zumindest ein Bild existiert. Auf geraden und eingefahrenen Wegen spaziert nur die Vergangenheit weiter. Auch das, wie gesagt, muss sein. Aber Zukunft ist ein Kind des Hungers und der Vorfreude auf etwas, das sein könnte. Es muss auch einen Wunsch danach geben. Diese schöpferische Zukunft kommt nicht so verlässlich wie der nächste Tag. In einer wachen Gegenwart kommt ein Sog auf, der Zukunft schafft. Sie bleibt aus, wenn sie nicht eingeladen wird. Sie braucht Entwicklungsräume, Inkubatoren, gut klimatisierte Treibhäuser.

Wo in der japanischen Tradition Platz für die Lücke ist, hat die abendländische Tradition die Idee der Unvollkommenheit. Da wird es brenzlig. Sieht man sie als die Erbsünde, also als eine angedrohte Verdammnis, der man dadurch entkommt, dass man versucht, möglichst ein ganz anderer zu werden oder zumindest als ein anderer zu erscheinen? Sucht man also sein Heil in Perfektion und Fehlerverleugnung? Oder wird die Unvollkommenheit als unverzichtbare Bedingung für die Möglichkeit entwicklungsfähiger Wesen gesehen? Denn nur, weil Menschen unfertig sind, haben sie etwas nicht Festgelegtes vor sich. Und weil alle Menschen auf verschiedene Weise unvollkommen sind, mussten sie sich im unglaublich schnellen Verlauf der letzten Phase ihrer Evolution etwas Gemeinsames schaffen: Sprache, Kultur, Kooperation, Traditionen, die kein Teil der Naturgeschichte mehr sind.

Das alles verdankt sich dem besonderen Handicap der menschlichen Gattung. „Neotenie“ heißt dafür der Schlüsselbegriff. Der Mensch wird zu früh geboren. Eigentlich bräuchte er 21 Monate intrauteriner Reifungszeit. Er ist von Anfang an eine Paradoxie, ein geschlechtsreif gewordener Affenfötus. Zeitlebens behält dieses merkwürdige, zudem mit Instinkten schlecht ausgestattete, wenig festgelegte Tier etwas von seiner Jugend – oder kann mehr oder weniger davon behalten. Auch die Fähigkeit zu lernen und die Lust am Spiel wird mit der endlosen Jugend gedehnt. So gesehen ist das große Staunen darüber, dass 96 bis 99 Prozent des Erbguts von Menschen und Schimpansen identisch sind, ein Staunen über das falsche Objekt. Der entscheidende Unterschied zu unseren nächsten Verwandten liegt nicht in den Genen, sondern in dieser ursprünglichen Durchkreuzung der Naturlogik, gewissermaßen in dem Unfall der Evolution, der uns in diesen Status andauernder Unreife gestoßen hat. Dass diese Unreife eine durchaus ambivalente Angelegenheit ist, muss man ja nicht extra betonen. Keine Wesen können so misslingen wie die von unserer Art.

Es sieht nun so aus, als würde der biologischen Neotenie, die Kultur überhaupt erst ermöglicht hat, eine zweite Neotenie in der Kultur folgen. Zu beobachten ist ein regelrechter Verjüngungsschub bei den Erwachsenen. Wenn man sich zum Beispiel Bilder von der Fußballweltmeisterschaft 1954 ansieht, dann sahen die Spieler damals zumindest eine Generation älter aus als heutige. Da ist etwas in Gang. Offenbar leistet sich die Kultur den Luxus, die Reifezeit noch weiter zu verlängern. Spätestens hier kommt die Frage auf, ob die Tatsache, dass heute überwiegend „Wunschkinder“ zur Welt kommen, nicht zu dieser neuen Konstellation gedehnter Reifezeit gehört? Eine Bedingung, aus der unweigerlich folgt, dass die Geburtenrate sinkt. Gewiss nicht, dass sie so stark sinkt wie derzeit in Deutschland. Jedenfalls verliert auch das Kinderkriegen seine alte Naturwüchsigkeit. Geburten sind nun auch eine Antwort darauf, ob potenzielle Eltern glauben, den erhöhten Anspruch auf Reifung bzw. Bildung erfüllen zu können. Das ist im Kern doch verantwortlich!

Ein Hinweis auf die verlängerte Bildungszeit ist der „Flynn-Effekt“ in der Psychologie. Er besagt, dass der IQ bei Jugendlichen seit Jahrzehnten steigt. Zugleich gibt es gute Gründe für den Verdacht, dass – zumindest in Deutschland – die Schulleistungen in den vergangenen Jahrzehnten schwächer geworden sind.*

Wenn sich diese Schere aus sinkenden Schulleistungen und steigender Intelligenz bestätigt, dann kann die Ursache für den Flynn-Effekt wohl kaum in vermehrter formaler Bildung zu finden sein, also in mehr Instruktion durch Unterricht. Liegt also die Ursache für die Zunahme von Intelligenz in der Dehnung von Kindheit und Jugend selbst? Und welche Rolle spielen dabei die Klimaveränderungen in Familien, Kindergärten und Schulen, deren Bilanz alles in allem doch positiv ist? Hat man die Bedeutung der Atmosphäre in diesen kulturellen Inkubatoren bisher zu gering geschätzt – zumal in Deutschland? Der Blick auf Skandinavien bestätigt die Vermutung, dass eine kinderfreundliche Gesellschaft der Bildung sowie der Leistung gut tut und den Kinderwunsch erhöht. Nur die besten Architekten sollen Schulen und Kindergärten bauen, sagt man in Finnland. Nur die besten Studenten sollen Lehrer werden. Im schwedischen Fernsehen werden bei lokalen Politikthemen, etwa dem Bau einer Umgehungsstraße, auch Kinder interviewt. Auf die Frage an Mats Ekholm, dem langjährigen Generaldirektor von Skolverket, der schwedischen Schulbehörde, worin er den größten Unterschied zwischen Schulen in Deutschland und Schweden sehe, antwortete er: „Dass Kinder in deutschen Schulen nichts zu essen bekommen." Eine Antwort, an der die Deutschen zunächst etwas zu schlucken haben, bis sie langsam anfangen zu verstehen.

Was für Skandinavier so pragmatisch auf der Hand liegt, gehört noch nicht so recht zu den Überzeugungen, an die wir Deutschen glauben. Wir müssen uns mit grundsätzlichen Argumenten von den Vorteilen einer soziokulturellen Klimapolitik erst mal selbst überzeugen. Nun denn: Der „nackte Affe" ist auf eine gute Atmosphäre in seiner Lebenswelt angewiesen. Sie ist auch die entscheidende Bedingung für eine wache, schöpferische Intelligenz. Homo sapiens braucht Spielräume, wenn er seine konstitutionelle Unfertigkeit als sein Kapital nutzen will. Das ist gewissermaßen das Betriebsgeheimnis unserer Gattung: aus ihrer Schwäche eine unvergleichbare Stärke machen.

Der amerikanische Kulturwissenschaftler Robert P. Harrison sieht den Ursprung Europas in einer „neotenischen Revolution" vor zweieinhalbtausend Jahren. Mit Sokrates lehnt sich der Lernende, der fragt und der nur weiß, dass er nichts weiß, gegen die Weisheitstradition auf. Diese Position von Frage und Kritik nennt Harrison „Intelligenz". Platon, so Harrison, hätte diese Intelligenz des Nichtwissens wieder mit den Antworten der Weisheit versöhnt. Auch Christus sei ein neoteni-

* Mündliche Auskunft von Prof. Dr. Jürgen Baumert über noch nicht abgeschlossene Untersuchungen im Max-Planck-Institut für Bildungsforschung

scher Rebell. „Werdet wie die Kinder!“ Das Christentum habe dann in das Neue Testament wieder das Alte eingemeindet. Stehen heute die ursprünglichen Impulse von Sokrates und Christus erneut auf der Tagesordnung? Befinden wir uns in einer zweiten neotenischen Revolution?

Das Selbstbild der Menschen verändert sich. „Das Alter ist die radikalste Form der Unfertigkeit“, schreibt der Altersforscher Paul Baltes. Ist es ein Zufall, dass die Neuentdeckung des Alters und der Kinder unter diesem neuen Vorzeichen des Unfertigen steht?

Am Ende des Industriezeitalters wird das Unfertige entdeckt – vielleicht auch nur wiederentdeckt. Generationen kämpften um ihr Überleben oder mussten, wie viele unserer Eltern, Groß- und Urgroßeltern, funktionieren, als wären sie Maschinenmodule. Ihre Alltagsreligion setzte auf Perfektion. Gerade in Deutschland wurde ein zuweilen unerbittlicher Krieg gegen alles Weiche und Unfertige geführt. Sich wohlzufühlen bedeutete schon, sich der unerlaubten Entfernung von der Truppe verdächtig zu machen. Nun aber dämmert es uns in vielen Zusammenhängen, was der englische Schriftsteller T. S. Eliot schon wusste: „Perfektion bekommt keine Kinder.“ Sie ist steril.

Eine „Zweite Moderne“, deren Geburtswehen wir erleben, versteht sich nicht mehr als Ausführung des großen Plans, sondern als „Folge von Nebenfolgen“, wie es der Soziologe Ulrich Beck ausdrückt. Keine Absicht wird mehr rein ausgeführt. Alle komplexen Prozesse sind solche der Fehlerkorrektur. Dieses muss man sich eher als Kultivierung von Mutationen vorstellen denn als bloße Nachbesserungen. Dafür wird Fuzzylogik gebraucht. Es ist wie beim Fußballspiel. Der Ball kommt selten so an, wie sich das der abgebende Spieler vorgestellt hat. Durch Abweichungen werden Optionen geschaffen. Ein guter Spieler ist, wer daraus etwas machen kann. Ständig kommt etwas dazwischen. Einfältig, wer sich darüber beschwert. Diese Verunreinigungen sorgen für Spannung und sind eine Bedingung dafür, dass es weitergeht.

Ein Beispiel für solche krummen Prozesse ist die Art, wie Kinder laufen lernen. Sie richten sich auf und fallen so lange, bis es ihnen gelingt, ihr Fallen aufzufangen. Und genau dieses Auffangen ist die Definition des aufrechten Gangs: aufgefangenes Fallen. Es setzt ein endloses Spiel von Sicherheit und Unsicherheit in Gang. Was wäre aus uns geworden, hätte man das Fallen von Anfang an vermieden? Nicht auszudenken, was passiert wäre, hätte man besonders empfindliche Kinder davor geschützt. Untersuchungen im Auftrage von Unfallversicherungen haben erwiesen, dass in Kindergärten, in denen riskante Spiele verboten sind, die Zahl schwerer Unfälle steigt.

Auch das Erlernen der Sprache ist eine Expedition durch einen Dschungel voller Unfertigkeiten und Fehler. Man stelle sich vor, Kinder sollten ihre Muttersprache so lernen, wie man sie in der Schule lernt. Im Sitzen. Erst mal die Theorie, dann die Regeln, schließlich die Ausnahmen von der Regel. Grammatik und Wörter fein säuberlich getrennt. Keines könnte sprechen. Dass viele Schulabsolventen mit der Mathematik auf Kriegsfuß stehen, geht zu einem guten Teil auf das Konto eines Unterrichts, der wie eine Initiation in eine fertige, keimfreie Ordnung aus „richtig oder falsch" betrieben wird. Der Mathematiker Heinz-Otto Peitgen, der an der Universität Bremen und an amerikanischen Universitäten lehrt, ist sich ganz sicher, dass das, was zumeist an Schulen getrieben wird, mit Mathematik wenig zu tun hat. Er bekennt, „meine Arbeit besteht erst mal aus Fehlern und im zweiten Schritt aus der Diagnose der Fehler". Das sei eine überaus fröhliche Wissenschaft. Das Mathegenie Gerd Faltings, mit 28 Jahren jüngster deutscher Mathematikprofessor, sagt: „90 Prozent meiner Einfälle funktionieren nicht. Aber nur so lernt man die Probleme besser kennen und findet neue Techniken."

Über Fehler werden unbekannte Räume erkundet. So werden auch eigene Fähigkeiten herausgefunden und weiterentwickelt. Fehlerverbote wären Entwicklungsverbote. Schließlich kann nur das gelingen, was auch schief gehen darf. Der Fehler ist das Salz des Lernens und des Lebens.

Franz Kafka hat diese Logik von Unvollkommenheit und Gelingen im Bild einer Wunde ausgedrückt. Er sprach von „meiner wunderschönen Wunde, mit der ich auf die Welt gekommen bin. Das Einzige was ich habe." Die Wunde ist eine Quelle von Leiden, aber auch von Leidenschaft. Sie steigert die Wahrnehmung und sie bleibt dennoch eine Wunde. Die Alternative dazu wäre die Narbe, eine ehemalige Wunde, aus der eine gefühllose Zone geworden ist. „Zeige deine Wunde", verlangte Joseph Beuys.

Das Individuum zu denken, bedeutet also, seine Wunde zu denken. Der Vorteil, wenig verwundet, ohne viele Probleme und Falten zu sein, wird mit Einfalt erkauft. Das ist der Nachteil allzu mühelos geglückter Biographien. Worin sonst sollte denn die Vielfalt der Welt bei uns Resonanz finden, wenn nicht in den Falten? Die Gehirnoberfläche ist unser am stärksten gefaltetes System, mehrere Quadratmeter, wollte man es ausbreiten. Es gilt also, die Falten zu entfalten und sie nicht gemäß den Programmen der Richtigkeit glatt zu bügeln. „Wir verdanken doch nahezu alles, was wir können und was wir haben, unseren Problemen", schreibt der Philosoph Volker Gerhard über das Prinzip Individualität.

Die Hirnforschung macht auf ihre Weise plausibel, was Individualität heißt. Die Menge der möglichen Aktivitätsmuster unseres Gehirns beträgt 10^{3000}. Die Zahl der Protonen im gesamten Weltraum bringt es auf 10^{80}, und das muss schon sehr viel sein. Aber die Zahl der Aktivitätsmuster im Gehirn, das ist kein Druckfehler, beträgt 10^{3000}.

Als der verstorbene Soziologe Niklas Luhmann gefragt wurde, wie viele Wahrheiten es seiner Meinung nach gäbe, zögerte er einen Moment und antwortete: „na, so fünfeinhalb Milliarden". Das ist einige Jahre her. Der Dichter Durs Grünbein sagt: „Wenn ein Körper stirbt, geht ein Kosmos zu Grunde, jedes Hirn repräsentiert eine eigene Welt. Wir haben jetzt also etwa sechs Milliarden Welten." Jede dieser Milliarden ist ein Anfang und bleibt Anfänger, wenn es gut geht, auf immer höherem Niveau. Das gilt zumindest für jeden, der seinem besonderen Ausgangspunkt treu zu bleiben versucht und was daraus macht: „Jeder Mensch steht in der Welt an einer Stelle, an der noch kein anderer je stand", schrieb Hannah Arendt in ihrem Buch „Vita activa". Sie argumentierte: „Es geschieht nichts Neues unter der Sonne, es sei denn, dass Menschen das Neue, das in die Welt kam, als sie geboren wurden, handelnd als neuen Anfang in das Spiel der Welt werfen."

Was folgt auf den Anfang? Die Wertschätzung des Anfängers! Der Dialog. Auch die hierzulande zuweilen in Misskredit geratene Erziehung. Auf den Anfang des unvollkommenen Anfängers kann nur die Kultivierung von Lernen, Wissen und auch Nichtwissen folgen. Dazu gehören Resonanz und Wertschätzung. Ohne sie werden weder das Wagnis der eigenen Biographie noch das Risiko des Lernens und gar keine Expeditionen ins Neuland gewagt.

Vielleicht wirft jetzt manch ein Leser ein: Genug mit den Entdeckungen des Selbstverständlichen, das ist doch eher fundamental banal. Nein! Dass Kinder gleich nach ihrer Geburt auf Dialog eingestellt sind, ist für die Wissenschaft neu. Erst die Säuglingsforschung brachte diese Erkenntnis in den öffentlichen Diskurs und verschaffte ihr im Kanon des pädagogischen Wissens seinen Platz. Das ist übrigens ein noch andauernder, gespenstisch schneller Prozess, in dem sich dieses neue Wissen durchsetzt. Die Allerjüngsten können viel mehr, als man ihnen bisher zutraute. Vor allem können sie lernen. Sofort. Das machen sie gleich selbst. Sie unterscheiden. Ihre Strategie ist Trial and Error. Anfänger können gar nicht anders.

Unmittelbar nach der Geburt beginnen Säuglinge, die Mimik der Erwachsenen zu imitieren. Sie können bereits verschiedene Sprachen unterscheiden. Sie sind klug. Nicht nur das Rausstrecken der Zunge, das sie bald nachahmen, verbindet sie mit Albert Einstein. Noch vor einer Generation wären Wissenschaftler ausgelacht worden, wenn sie Babys als kleine Wissenschaftler, als „Forscher in Windeln" oder als „kompetente Säuglinge" beschrieben hätten, die durch

Ausprobieren, Verwerfen und Imitieren ihre ganz besonderen Forschungsprogramme durchführen.

Ein Standardversuch in der Säuglingsforschung verlangt von der Mutter, den Blickkontakt mit ihrem Kind zu einem unbeweglichen Gesichtsausdruck einzufrieren. Der Säugling steigert daraufhin seine mimischen Aktivitäten. Er wirbt um die Mutter. Er will sie dazu bringen, den gerissenen Faden wieder aufzunehmen. Und erst, wenn ihm das nicht gelingt, wird er übellaunig. Traditionelle Erziehung setzte häufig überhaupt erst zu diesem Zeitpunkt ein. War das Kind ruhig, war ja alles in Ordnung. Sobald es schrie, war Erziehung gefordert. Das erste Gebot war nun, das Kind nicht zu verwöhnen und sich als Erwachsener schon gar nicht von ihm beherrschen zu lassen. Es sollte sich ausbrüllen, sich dabei vielleicht abhärten, jedenfalls schon rechtzeitig einsehen, dass es damit nicht durchkommt. Lag da nicht häufig schon von Anfang an ein Hauch von Machtkampf in der Luft?

Nun lernt die Gesellschaft an den Babys, dass die Kerngestalt gelungenen Lernens der Dialog ist. Lernen ist von Anfang an ein aktiver und konstruktiver Vorgang, der immer auch mit den Konstruktionen anderer verbunden ist. Inzwischen sprechen Lehr-/Lernforscher lieber von den Kokonstruktionen beim Lernen.

Die Beobachtungen und Theorien der wissenschaftlichen „Babywatcher" wälzen manche Theorie um und sie vervollständigen unser Wissen. Das Wichtigste aber ist wohl, dass sie mit ihrem veränderten Blick auf die Kinder eine andere Ethik in die Gesellschaft hineintragen: Respekt vor den Leistungen und vor dem Eigensinn der Kinder. Bewunderung für das Geniale dieses Lernens, das bisher gar nicht als Lernen, sondern eher als ein Aspekt des natürlichen Wachstums angesehen wurde. Die Kleinsten galten bloß als „lebendiges Gemüse" ohne nennenswerte kognitive Fähigkeiten.

Während die Bevölkerungswissenschaftler dem Land seine demographische Implosion vorrechnen und diese Botschaft auf der empfangsbereiten Frequenz für gefühlte Katastrophen gesendet wird – nebenbei, auf diesem Sender liefen noch vor wenigen Jahren Programme über die Bevölkerungsexplosion, die den Planeten zu ruinieren drohte –, während also Nachrichten für diese Erregung überboten werden, hat die Gesellschaft vielleicht die entscheidende und möglicherweise befreiende Lektion noch vor sich: die Wiederentdeckung der Kinder und damit das Wiedergewinnen einer Passion für den Anfang, für die Neugier, für das Spiel und überhaupt für eine aktivere und optimistischere Position. Vielleicht steckt in den Bildern, die eine Kultur von Kindern formatiert, viel mehr vom Selbstbild, als ein Angehöriger dieser Kultur selbst wissen kann. Die

Chancen stehen jedenfalls nicht schlecht, dass uns die Kinder, wenn wir sie denn neu entdecken, auch eines Besseren über uns selbst belehren.

Ist es denn ein Zufall, dass heute in der Entwicklungspsychologie von Jean Piaget, die immerhin im 20. Jahrhundert als Durchbruch für das Lernen angesehen wurde, eine sie immer noch prägende Grundvorstellung vom „defizitären Kind" kritisch herausgearbeitet wird? Da fallen Schuppen von den Augen. Sichtbar wird nun bei Kindern „ein Wissen, das man bisher nicht für möglich gehalten hatte, man kann es durchaus als genial bezeichnen", sagt der Psychologe Friedrich Wilkening von der Universität Zürich. Und er fügt für die vielen, die das nicht glauben können, hinzu, über dieses Wissen verfügten alle Kinder: „Wir haben praktisch keine Ausnahmen gefunden."*

Der Komponist Wolfgang Rihm hat auf die Frage, wie er sich Mozarts Genie erkläre, geantwortet: „Es ist immer alles da. Das Geniale an einem Menschen ist, dass er es zum Vorschein bringt. Und das Universelle ist nur möglich, wenn Entfaltung aus einer großen Sicherheit hervorgeht. Damit entfaltet sich gleichzeitig derjenige, der diese Sicherheit hat. Auch die meisterliche Unsicherheit – wenn er sie braucht." Wolfgang Rihm ist kein Romantiker. So wenig wie die Violinistin Anne-Sophie Mutter, die darauf hinweist, dass alle Kinder eine Zeit lang über das absolute Gehör verfügen. Welches sind die Bedingungen dafür, dass es bleibt? Mit diesen Fragen beginnt heute ein anderes Forschen, Denken und Handeln. Eben ein anderer Blick. Vielleicht entsteht dabei eine große Koalition der Anfänger, also der Künstler, Wissenschaftler, auch der unternehmerischen Menschen, mit den Kindern?

Man muss an dieser Stelle allerdings ein prophylaktisches Gegengift verabreichen, denn die Entdeckung des Genies der Kinder könnte die fatale Neigung vieler Erwachsener bestärken, Kinder zu idealisieren und sich selbst aus der Verantwortung zu entlassen.

Zum Beispiel so: Eltern heben ihr dreijähriges Kind auf die Astgabel eines Baumes und applaudieren: „Oh, wie toll du klettern kannst!" Andere schenken ihrem fünfjährigen Sohn ein Fahrrad mit Stützrädern. Beim ersten Versuch jubeln sie: „Du kannst ja Fahrrad fahren!" Aber damit hat es sich. Sie üben nicht mit ihm. Sie unternehmen nichts gemeinsam. Wie gut, dass es Stützräder gibt. Ein drittes Elternpaar schenkt seinem 14-jährigen Sohn eine E-Gitarre. Die ersten Misstöne quittiert es mit „oh, wie toll, wie toll". Darauf angesprochen, dass doch jeder hören könne, auch ihr Sohn, dass aller Anfang schwer sei, verteidigen sich die Eltern pflichtschuldig: „Man soll doch loben."

---

* Wilkenings Vortrag bei der McKinsey-Bildungswerkstatt und die in ähnliche Richtung gehenden Beiträge von Gerd E. Schäfer und Elsbeth Stern auf DVD 2. Zusammenfassungen hier im Booklet unter „Argumente"

Oh, wie toll du klettern kannst! Und Fahrrad fahren! Und Gitarre spielen! Das sind die Spuren von nicht erwachsen gewordenen Erwachsenen. Sie fürchten den Dialog, weil sie Angst vor dem Mangel haben. Deshalb fehlt ihnen auch Form. Zur Bildung von Formen ist aber Verneinung unverzichtbar. Verneinung bildet die Außenseite einer jeden Form. Und die Innenseite von Form ist Freiheit. Ist nicht Erziehung genau dieses, das Weitergeben von Formen? Fehlt Form, werden die Kinder apathisch oder unruhig. Aktivität ersetzen sie durch Hyperaktivität. Eltern und Kinder schwanken schließlich zwischen Harmonie und Panik, der alltägliche Clinch. Beide Seiten zappeln zwischen Gesundbeterei und Notwehr. Statt Form anzubieten, setzen die Erwachsenen dann Grenzen, oft aus Stacheldraht.

Hannah Arendt hielt am 10. Mai 1958 in Bremen einen visionären Vortrag über „Die Krise in der Erziehung", der seitdem immer aktueller geworden ist. Die Philosophin, die es wiederholt abgelehnt hatte, Philosophin genannt zu werden, denn dies sei ein Beruf, in dem sich zu viele selbst auf den Leim gingen, kritisierte Erwachsene, weil sie den Kindern Probleme aufladen, die zu lösen sie sich selbst scheuen. Hannah Arendt dachte noch nicht an ökologische Hypotheken. Damals war auch noch nicht jedes Neugeborene in Deutschland mit über 25.000 Euro Staatsschulden belastet. Sie verlangte ganz einfach, dass Erwachsene für die Welt, wie sie ist, den Kindern gegenüber einstehen. Darauf bestand sie auch und gerade dann, wenn die Erwachsenen mit dem Zustand der Welt nicht einverstanden sind: „Sofern das Kind die Welt noch nicht kennt, muss es mit der Welt graduell bekannt gemacht werden; sofern es neu ist, muss darauf geachtet werden, dass dies Neue nach Maßgabe der Welt, so wie sie ist, zur Geltung kommt und nicht von dem Alter der Welt erdrückt wird. In jedem Fall aber stehen hier die Erzieher dem Jugendlichen als Vertreter der Welt gegenüber, für die sie die Verantwortung übernehmen müssen, obwohl auch sie diese Welt nicht gemacht haben, selbst wenn sie heimlich oder offen wünschen sollten, sie sei anders, als sie ist. Die Verantwortung wird den Erziehern nicht willkürlich aufgebürdet; sie liegt einfach in der Tatsache beschlossen, dass die Jungen von den Erwachsenen in eine jeweils verschiedene Welt hineingeboren worden sind. Wer die Verantwortung für die Welt nicht übernehmen will, sollte keine Kinder zeugen und darf nicht mithelfen, Kinder zu erziehen."*

Hannah Arendt vermisste auch einen minimalen Stolz von Erwachsenen, wenn sie den Kindern nicht sagen können: „Schau, dies ist unsere Welt." Wenn Erwachsene ihre Welt wie Untermieter bewohnen, „ist es, als ob sie den Kindern täglich sagten: In dieser Welt sind auch wir nicht sehr verlässlich zu Hause, und wie man sich in ihr bewegen soll, was man dazu wissen und können muss, ist

---

* „Die Krise in der Erziehung" in: Hannah Arendt, Zwischen Vergangenheit und Zukunft. München, 1994

auch uns nicht sehr gut bekannt. Ihr müsst sehen, wie ihr durchkommt; uns jedenfalls sollt ihr nicht zur Verantwortung ziehen können, wir waschen unsere Hände in Unschuld." Solche Erwachsene ziehen verunsicherte, hektisch suchende Kinder auf. Rastlos auf der Suche nach dem wichtigsten Lebensmittel: Resonanz von Personen, die für die Welt einstehen und zu ihren Kindern ja und nein sagen können. Hannah Arendt geht es um die Person. Was bedeutet, das Wagnis in Kauf zu nehmen, ein Jemand zu sein? Sie antwortet: „Aufschluss zu geben, wer er ist und auf die ursprüngliche Fremdheit dessen, der durch Geburt als Neuankömmling in die Welt gekommen ist, zu verzichten."

Auf seine ursprüngliche Fremdheit verzichten! Ein gewöhnungsbedürftiger Gedanke. Im Gegensatz zu unserer Tradition sagt er: Am Anfang war kein Paradies! Aber mit dem Aufbau einer gemeinsamen Welt lässt sich diese ursprüngliche Fremdheit, mit der jeder gekommen ist und die ihn immer wieder einholt, überwinden!

Für Hannah Arendt war, wie für Kant, das Erwecken der Vernunft eine zweite Geburt, ein selbst gemachter Anfang gegen das Gelebtwerden. Denn die erste Geburt haben wir uns nicht ausgesucht. Die erste Geburt war für Kant ein „Skandal des Anfangs", den Menschen nur kompensieren können, wenn sie sich die Freiheit zu weiterem Anfangenkönnen nehmen. Weil jeder Mensch ein Dissident ist, nur deshalb kann er auch eine Person werden. „Die Art und Weise, wie der Anfangende das Neue in die Wege leitet, wird für ihn selbst, wie für alle, die sich ihm anschließen, um das Unternommene zu Ende zu führen, zu einem Gesetz, das die Handelnden wohl modifizieren, aber nicht mehr schlechterdings brechen können, ohne das Begonnene zu ruinieren. Diesen Sachverhalt kann man auch so formulieren, dass man sagt: Der Anfang ist das Prinzip jedes Handelns, als Prinzip hält er sich durch, auch wenn er selbst längst vergangen ist, beseelt von nun an alles, was auf ihn folgt, bleibt sichtbar in der Welt."

Menschen brauchen Erziehung nicht, damit sie bald „fertig" sind oder gar perfekt werden; sie sind auf sie angewiesen, damit sie sich der Welt öffnen und zugleich ihren Anfang, ihr „Ding", in die Welt bringen. Menschen brauchen also nicht Erziehung, um den Anfängerstatus bald hinter sich zu lassen, sondern um ihn überhaupt erst zu gewinnen. Deshalb muss Erziehung ein freundliches Willkommenheißen in der Welt sein. Das Abrichten, das Beschämen, das Bevormunden und anderes, was auf unserer Erziehungstradition lastet und weshalb manch einer zum Antipädagogen wurde und Erziehung ganz aufgeben wollte, sollte man vielleicht lieber Entziehung statt Erziehung nennen. Die angemessene Begrüßung für die „Neuankömmlinge", wie Hannah Arendt die Kinder auch nannte, ist eine Frage, die vielen gar nicht mehr geläufig ist: „Wer bist du?"

„Erziehen tun wir im Grunde immer für eine aus den Fugen geratene oder geratende Welt, denn dies ist die menschliche Grundsituation, in welcher die Welt von sterblichen Händen geschaffen ist, um Sterblichen für eine begrenzte Zeit als Heimat zu dienen. Weil die Welt von Sterblichen gemacht ist, nutzt sie sich ab; und weil sie ihre Bewohner dauernd wechselt, ist sie in Gefahr, selbst so sterblich zu werden, wie ihre Bewohner. Um die Welt gegen die Sterblichkeit ihrer Schöpfer und Bewohner im Sein zu halten, muss sie dauernd neu eingerenkt werden. Die Frage ist nur, dass wir so erziehen, dass ein Einrenken überhaupt möglich bleibt, wenn es auch natürlich nie gesichert werden kann.

Was uns alle angeht und was daher nicht der Pädagogik, einer Spezialwissenschaft, überlassen bleiben darf, ist der Bezug zwischen Erwachsenen und Kindern überhaupt, oder noch allgemeiner und genauer gesprochen, unsere Haltung zu der Tatsache der Natalität: dass wir alle durch Geburt in die Welt gekommen sind und dass diese Welt sich ständig durch Geburt erneuert. In der Erziehung entscheidet sich, ob wir die Welt genug lieben, um die Verantwortung für sie zu übernehmen und sie gleichzeitig vor dem Ruin zu retten, der ohne Erneuerung, ohne die Ankunft von Neuen und Jungen, unaufhaltsam wäre. Und in der Erziehung entscheidet sich auch, ob wir unsere Kinder genug lieben, um sie weder aus unserer Welt auszustoßen und sich selbst zu überlassen, noch ihnen ihre Chance, etwas Neues, von uns nicht Erwartetes zu unternehmen, aus der Hand zu schlagen, sondern sie für ihre Aufgabe der Erneuerung einer gemeinsamen Welt vorzubereiten.“

„Im Grunde läuft doch alle Pädagogik auf das Verhältnis der Generationen hinaus“, schreibt Hartmut von Hentig, der Nestor der deutschen Pädagogik. Jede Erneuerung in der Pädagogik wäre also daran zu erkennen, ob und wie sich das Verhältnis der Erwachsenen zu den Kindern und Jugendlichen ändert. Es gibt Zeichen, dass heute das Generationenverhältnis nachhaltig umgebaut wird. Der Verzicht vieler Menschen auf Kinder, den man als deren private Abwicklung von Generationenverhältnissen überhaupt verbuchen könnte, ist nur die eine Seite. Eine andere bekommt man derzeit im Kino zu sehen. Dort inszeniert die Gesellschaft ja nicht nur ihre Angstträume, dort lenkt sie sich nicht nur mit Tagträumen ab, dort werden auch Hoffnungen formuliert.

In einer ganzen Reihe von Filmen gibt es seit einiger Zeit Pädagogen als Helden zu sehen. Nichts mehr von wegen Pauker! Wir sehen leidenschaftliche Erwachsene, keine Unterrichtsbeamten. Kündigt sich dort ein anderes Generationenverhältnis an?

Es begann mit dem französischen Dokumentarfilm „Sein und Haben“ über den Dorfschullehrer Monsieur Lopez, der Kinder und nicht Fächer unterrichtet.

Nach diesem verblüffenden Renner in den Kinos kam aus den Studios jenseits des Rheins der Spielfilm „Die Kinder des Monsieur Mathieu“. Der neue Lehrer verwandelt das deformierte Internat von einem Kriegsschauplatz im Kampf der Generationen in einen wunderbaren Chor.

In Schweden haben von den acht Millionen Einwohnern mehr als zwei Millionen den Film „Wie im Himmel“ gesehen. Auch in Deutschland lief er monatelang. Hier geht es um einen Lehrer auf den zweiten Blick. Der weltberühmte Dirigent Daniel Dareus erleidet auf der Bühne einen Zusammenbruch, steigt aus, mietet in seinem Heimatdorf die alte Schule und übernimmt den Kirchenchor. Und wo bisher immer nur die „richtigen“ Lieder gesungen wurden, unbeholfen und schräg, wie es dem Klischee eines Kirchenchors entspricht, wo bisher der Chor alles war und es auf den Einzelnen nicht ankam, macht Dareus mit den Dorfleuten erst mal Entspannungsübungen. Plötzlich beginnen sie zu spüren, was es bedeutet, einen Körper und eine Stimme nicht nur zu haben, sondern zu sein. In diesem Film erblüht jeder auf eine andere, auf seine Weise, sobald er seinen Ton findet. Das ist die Parabel hinter der Geschichte des Films „Wie im Himmel“: seinen besonderen, einzigartigen Ton finden und ihn mit anderen zusammen singen! Individualität und Gemeinschaft! Das Wörtchen „und“ ist vielleicht das Wichtigste in diesem Satz. Ist das die skandinavische Inspiration?

Dabei zeigt der Film durchaus, woher die schwedische Gesellschaft kommt. Der Pastor erinnert noch an die unerbittliche Prinzipienstrenge des Bischofs Vergerus in Ingmar Bergmans Film „Fanny und Alexander“, dieser selbstgerechte, durch und durch misstrauische Erziehungssadist, der aus seinem Haus ein Überwachungssystem gemacht hatte. Über den Film „Wie im Himmel“ sagt nun ein schwedischer evangelischer Bischof, er sei „das Wichtigste, was unserer Kirche in jüngster Zeit widerfahren ist“. In der Tat hat der Dirigent Daniel Dareus etwas von einem heutigen Jesus und der ganze Film etwas von einem Neuen Testament. Wolken am Himmel verdunkeln nicht mehr, wie bei „Fanny und Alexander“, die Erde. Kein kontrollierender, grollender Gott, dessen Blitze die Irdischen jederzeit treffen können, wenn sie seinen allerhöchsten Idealen nicht entsprechen. Der Himmel hängt voller Töne. Aber sie müssen empfangen werden. Eine Schlüsselszene zeigt den Unterschied: Die Mitglieder des Kirchenchors verlangen Anweisungen. Der Dirigent soll ihnen sagen, wie und was sie singen sollen, er soll gewissermaßen Statthalter des Himmels sein, wie es ehedem auch die Priester und die Lehrer waren. Aber Daniel Dareus weigert sich, Anweisungen zu geben. Er verweist darauf, dass ja alles, was gesucht wird, schon da ist. Die ganze Musik der Welt müsse nur entdeckt werden. „Da oben, überall vibriert sie, und wir können sie holen. Alles geht nur darum, dass wir zuhören, dass wir auch bereit sind, sie von da oben zu holen.“ Dafür allerdings muss jeder seine Frequenz finden, beim Empfangen wie beim Senden.

Auch in Deutschland werden Filme gedreht, die das große Publikum mit einer anderen Idee von Bildung erreichen und berühren. Der Dokumentarfilm „Rhythm Is It" läuft und läuft und läuft in den Kinos. Wieder – und das kann jetzt kein Zufall mehr sein – sind Musik und Bewegung das Metier zwischen den Schülern und einem ansteckenden Lehrer. Der Lehrer ist hier ein Choreograph. Er heißt Royston Maldoom, ist Engländer und kann sich seit diesem Film in Deutschland gar nicht vor Einladungen retten. Der Film zeigt Ballettproben mit Teenagern für eine Aufführung der Berliner Philharmoniker von Strawinskys „Le Sacre du Printemps". Die Dokumentation konzentriert sich auf die Beobachtung einer Gruppe von Hauptschülern, Jugendlichen also, denen man gemeinhin wenig zutraut. Royston Maldoom allerdings zweifelt nicht an diesen Schülern, was nicht heißt, dass er nichts von ihnen verlangt. Dafür gibt es eine Schlüsselszene: Der Choreograph empfiehlt einigen dieser Schüler, auf einer Ballettschule weiterzumachen. Sie hätten das Zeug dazu. Neben der Schülergruppe mit Royston Maldoom steht deren freundliche, aber grundbesorgte Lehrerin und interveniert: abends noch alleine, im Dunkeln, mit der S-Bahn nach Wilmersdorf?

Plötzlich wird deutlich, welchen Unterschied es macht, ob ein Lehrer wie dieser Choreograph die Botschaft sendet „Kommt, ihr seid gut, in euch steckt viel mehr, als ihr selbst glaubt; diese Talente wollen wir herausfordern!", oder ob die Lehrperson dieses Potenzial eher anzweifelt und den Schülern eine Art Opfergemeinschaft gegen die Welt anbietet und eben nicht ihre Talente „herausfordert". Allerdings muss man an die Existenz dessen, was man herausfordern will, glauben. Sind defensive Lehrer den Zynikern, die Schülern ihre Potenziale absprechen und Kinder beschämen, nicht verwandter als man gewöhnlich denkt?

Royston Maldooms Botschaft nach 30 Jahren Tanzpädagogik heißt: „Ich habe in 30 Jahren noch nie, sei es bei traumatisierten Kindern in Bosnien, bei Grundschülern in London oder in einem Jugendgefängnis, jemanden getroffen, der nicht tanzen kann."* Und er fügt hinzu: „Sollte es Lehrer geben, die nicht glauben, dass jeder ihrer Schüler lernen will und kann, dann sollten diese Erwachsenen die Schwelle zum Klassenraum nicht übertreten." Ein Satz, der sitzt. Aber alles hängt davon ab, ob er von einem Royston Maldoom ausgesprochen wird oder ob er in einem Lehrerhasserbuch steht, das mit der Art seiner Kritik an Lehrern sich weiter im Teufelskreis von Entwerten und Beschämen dreht.

Wie könnten Lehrer diese Abwärtsspiralen verlassen? Dazu gehört auch die Frage: Wer wird eigentlich Pädagoge? Wie werden die Erzieher, die Lehrer ausgewählt und vorbereitet? Werden sie überhaupt ausgewählt? Wie vermeidet man, dass die Ratlosen diesen Beruf ergreifen? Wie werden die Besten und vor allem

---

* Auf DVD 1 in der Dokumentation und unter „Vorträge". Im Booklet eine Zusammenfassung im Kapitel „Argumente"

die Leidenschaftlichen angezogen? Dass es möglich ist, die Besten zu gewinnen, zeigen die Finnen, wo – je nach Hochschule – zwischen sieben und zehn Bewerber auf einen Studienplatz für das Lehrerstudium kommen. Und das, obwohl dort die Pädagogen viel schlechter bezahlt werden als bei uns. Aber der Beruf ist respektiert. Die jungen Lehrer haben ihre Schule in guter Erinnerung. So werden Aufwärtsspiralen in Gang gesetzt.

Deutschland schwankt zwischen Auf- und Abwärtsspiralen. Auf der einen Seite der bekannte Alltag, in dem sich Lehrer, Schüler und auch Eltern häufig immer noch als Feinde behandeln. Auf der anderen Seite verbreiten sich jetzt Bilder aus solchen Filmen wie „Rhythm Is It" wie eine ansteckende Gesundheit. Dass diese Erreger des Gelingens wirken, zeigen die vielen Kindergärten und Schulen, die sich umgründen, und außerdem die ebenso zahlreichen Initiativen, neue zu gründen. Allerdings fällt es den Deutschen so schwer zu glauben, dass etwas wirklich gelingen könnte. Warum eigentlich?

„Eine Gesellschaft, in der der Mensch fähiger sein wird, weil man Vertrauen in ihn setzte, als er ein Kind war" – von dieser Möglichkeit war Maria Montessori überzeugt. Tatsächlich stellt sich Vertrauen immer mehr als die nachhaltigste „Produktivkraft" heraus. Die Industriegesellschaft setzte eher auf Misstrauen. Der Übergang von Misstrauen zu Vertrauen definiert die heutige Situation.

Ob er gelingt, wird natürlich auch von den Kindern abhängen. Von ihrer Zahl – gewiss auch davon –, aber mehr noch von ihrer Mentalität, von ihrer Lernfreude und ihrer Lust, tätig zu werden. Vielleicht wird eine Gesellschaft, in der Menschen „fähiger sein werden", auch daran zu erkennen sein, wie gut es Menschen gelingt, erwachsen zu werden und Kind zu bleiben.

Als ich kürzlich meinen verehrten Mentor Hartmut von Hentig, der im September 2005 seinen 80. Geburtstag feierte, in Berlin besuchte, antwortete er auf die Frage nach seinem Befinden mit einem Seufzen: „Ach, wenn ich morgens in den Spiegel blicke ..." Er führte den Satz mit einer fast verzweifelten Pantomime zu Ende. Dann hellte sich sein Gesicht auf. „Aber innen", fügte er hinzu, „innen bin ich immer noch dasselbe Kind."

Oder nehmen wir Albert Einstein. Auf die Frage, wie er sich seine Entdeckungen erkläre, antwortete er: „Weil ich immer das ewige Kind geblieben bin." Oder Friedrich Schiller: „Der Mensch spielt nur, wo er in voller Bedeutung des Wortes Mensch ist, und er ist nur da ganz Mensch, wo er spielt." Die große Epoche des Homo faber, des durch Arbeit definierten Menschen, läuft aus. Homo ludens kommt wieder mehr zu seinem Recht. Und zwar nicht erst am Feierabend. Die Arbeit selbst braucht Spielräume, wenn sie in einer Wissensgesellschaft produktiv sein soll.

Über Schiller schrieb sein Freund Goethe: „Alle acht Tage war er ein anderer und ein vollendeterer." Oder Mozart. Der Salzburger Mozart-Forscher Günter G. Bauer rechnet vor, dass ein Notenkopist circa 99 Jahre brauchen würde, um das Werk Mozarts zu kopieren. Mozart aber hatte nur etwa 30 Jahre zum Komponieren. Ein Phänomen, das ohne seine Begeisterung und ohne die Versenkung ins Spiel gar nicht erklärt werden könnte.

Der kürzlich verstorbene Mediziner und Hirnforscher Detlef B. Linke bezeichnete das Spiel als den Raum, in dem der „Halbzombie Mensch" zu Freiheit und Kreativität kommt. Der Bedarf nach bloß automatisch funktionierenden Rädchen im System ist rückläufig. „Die Welt entstand, als Atome von ihrer geraden Bahn abwichen", wusste der frühe Anfänger Epikur.

Ein Epilog von Jorge Luis Borges:

„Wenn ich mein Leben noch einmal leben könnte, im nächsten Leben, würde ich versuchen, mehr Fehler zu machen. Ich würde nicht so perfekt sein wollen, ich würde mich mehr entspannen. Ich wäre ein bisschen verrückter, als ich gewesen bin, ich würde viel weniger Dinge ernst nehmen. Ich würde nicht so gesund leben. Ich würde mehr riskieren, würde mehr reisen, Sonnenuntergänge betrachten, mehr bergsteigen, mehr in Flüssen schwimmen.

Ich war einer dieser klugen Menschen, die jede Minute ihres Lebens fruchtbar verbrachten; freilich hatte ich Momente der Freude, aber wenn ich noch einmal anfangen könnte, würde ich versuchen, nur mehr gute Augenblicke zu haben. Falls du es noch nicht weißt, aus diesen besteht nämlich das Leben; nur aus Augenblicken; vergiss nicht den jetzigen. Wenn ich noch einmal leben könnte, würde ich von Frühlingsbeginn an bis in den Spätherbst hinein barfuß gehen. Und ich würde mehr mit Kindern spielen, wenn ich das Leben noch vor mir hätte. Aber sehen Sie, ich bin 85 Jahre alt und weiß, dass ich bald sterben werde."

Curriculum Vitae Reinhard Kahl

Reinhard Kahl, Journalist sowie Autor, Regisseur und Produzent von Fernseh- und Videodokumentationen. *www.reinhardkahl.de*

Im Zentrum seiner Arbeit stehen die Lust am Denken und Lernen, die Zumutung, belehrt zu werden und die endlosen Dramen des Erwachsenwerdens.

Geboren 1948 in Göttingen. Studium der Erziehungswissenschaften, Philosophie, Soziologie und Psychologie in Frankfurt und Hamburg. Während des Studiums Mitarbeit bei verschiedenen Rundfunksendern.
1973 wissenschaftlicher Assistent. Seit 1975 Journalismus als Beruf, zunächst frei, zwischenzeitlich beim NDR, dann wieder frei.

Mitarbeit u.a. in DIE ZEIT, GEO, WELT, SZ und taz.
Kolumne „P.S." in der Zeitschrift PÄDAGOGIK.

Im Hamburger Literaturhaus Gastgeber des monatlich stattfindenden Philosophischen Cafés. Gastgeber des Stuttgarter Bildungsdiskurses im dortigen Literaturhaus und des Hamburger Bildungsdiskurses bei der Körber-Stiftung.

1986 erhielt Reinhard Kahl den Wang-Journalisten-Preis für die NDR-Fernsehsendung „Der kleine Bruder – wie Computer die Welt verändern".
1987 (mit anderen) den Grimme-Preis für die NDR-Serie „Kindsein ist kein Kinderspiel".
1996 CIVIS-Preis und Preis der CIVIS-Jugend-Jury für die fünfteilige ZDF/3sat-Serie „Aufbruch – die Kraft der Einwanderer".

Andere größere Fernsehproduktionen u.a.:
„Studieren und kein Land in Sicht" (zehnteilige Reihe im NDR)
„Lob des Fehlers" (sechsteilige Reihe in den 3. Programmen der ARD)
Videodokumentationen für die Bertelsmann Stiftung u.a.:
„Die stille Revolution. Das Durham Board of Education in Kanada"
„Die Zukunft erfinden. Die Erneuerung der Berufsausbildung in Dänemark".

Derzeit Aufbau des „Archiv der Zukunft" mit Dokumentationen über Schulen, die gelingen. *www.archiv-der-zukunft.de.* Erschienen: Treibhäuser der Zukunft, Dreifach-DVD mit Buch. Vertrieb über den Beltz Verlag.

Reinhard Kahl lebt in Hamburg, ist verheiratet und hat eine Tochter.

Was will das Archiv der Zukunft?

Das Archiv der Zukunft dokumentiert Entwicklungen aus den Bildungslandschaften in Deutschland und anderen Ländern. Es sammelt und verbreitet Bilder des Gelingens.

Es verzichtet nicht auf Analysen, räumt aber der Kritik nicht den ersten Platz ein. Diese Entscheidung ist auch eine Antwort auf die in Deutschland, zumal in Bildungsdebatten, verbreitete Larmoyanz und auf eine Kritik, der manchmal das Rechthaben das Wichtigste ist.

Das Thema Bildung ist für das Archiv der Zukunft mehr nur als Schulthema, das man zuweilen vielleicht um Hochschulen und Vorschulen erweitert. Das Thema Bildung ist, ob man es will oder nicht, immer ein heimliches oder offenes Selbstgespräch der Gesellschaft über die Themen: Wo stehen wir, woher kommen wir und wohin wollen wir?

Dieses Gespräch wird das Archiv der Zukunft mit Argumenten, Analysen, aber vor allem mit Bildern bereichern. Es wird mithelfen, aus dem heimlichen Selbstgespräch eine offene Debatte zu machen.

Bilder bedeuten für uns zweierlei. Es sind zunächst die Film- und Videobilder. Denn der Film ist die stärkste Form der Dokumentation. Vielmehr noch aber handelt es sich um die Bilder, die dahinter stehen. Bilder, die unser Denken und unseren Möglichkeitssinn strukturieren, also die mentalen Bilder oder Imagos. Hier kommt wieder das Gelingen ins Spiel. Wie könnte etwas gelingen, wenn wir es nicht für möglich halten? Können wir eine Schule, in der Kinder wach, neugierig und voller Freude sind, verwirklichen, wenn wir insgeheim glauben, dass es sich mit Lernen wie mit bitterer Medizin verhält: „Je schlechter sie schmeckt, desto wirksamer ist sie"?

Gerade in Deutschland fehlt es an Bildern des Gelingens.

Das Archiv der Zukunft provoziert auch die Frage: Woran glauben wir?

Es fordert die Phantasie heraus: Was halten wir für möglich?

Das Archiv der Zukunft ist auch eine Antwort auf den „PISA-Schock". Er markiert das Ende der Krähwinkelei in der Bildungspolitik. Mit PISA hat die Globalisierung auch in der Bildung begonnen. Tatsächlich ist das Zeitalter der Globalisierung eines der Glokalisierung. Vieles wird davon abhängen, wie und ob man Orte kultiviert, an denen sich Wissen, Kompetenzen und Ideen entfalten. Menschen brauchen Wurzeln und Flügel. Schon heute übertrifft die Wirksamkeit des Bildungskapitals in der Wirtschaft die Effekte anderer Kapitale. Lernen ist nicht länger ein Vorrecht von Kindheit und Jugend. Lernen wird zur überragenden Idee nachindustrieller Gesellschaften.

Das Archiv der Zukunft versteht Lernen als Vorfreude auf sich selbst und möchte Erreger einer ansteckenden Gesundheit verbreiten.

Dafür schärfen die Dokumentationen des Archivs der Zukunft den Möglichkeitssinn und den Wirklichkeitssinn.

Wir möchten die uns treibende Idee des Gelingens noch einmal unterstreichen. Da ist zunächst der positive Aspekt. Analyse und Kritik müssen sein, doch niemand ist davon gesund geworden, dass man ihm seine Krankheit vorhält.

Zur Idee des Gelingens gehört vor allem, dass es keine Blaupausen geben kann, die irgendjemand nur noch kopieren müsste. Striktes ja/nein oder richtig/falsch reichen nicht, um die vielfältigen Gestalten des Gelingens zu verstehen und herauszufordern. Es gibt keinen durchdeklinierbaren Masterplan, der bloß anzuwenden wäre. Das Gelingen von Organisationen hat durchaus Ähnlichkeiten mit dem von Biographien. Man muss aus Voraussetzungen, die man sich nie hat aussuchen können und die zu beklagen nichts nützt, etwas machen. Man muss von seinem Ausgangspunkt den eigenen Weg finden.

Und dennoch: Die Bilder des Gelingens können leuchtende Beispiele setzen. Aber je mehr man sich an ihnen wetzt, desto eher rufen sie das Eigene hervor. Und darum geht es!

Weitere Projekte des Archivs der Zukunft

Treibhäuser der Zukunft
Wie Schulen in Deutschland gelingen

Dreifach-DVD mit insgesamt 14 Stunden Filmmaterial
und begleitendem Buch (120 Seiten),
auch als VHS-Kassette erhältlich (nur Film)

29,00 Euro (DVD) / 17,20 Euro (VHS)

Spitze – Schulen am Wendekreis der Pädagogik
Warum Schulen in Skandinavien gelingen

DVD-Ausgabe mit insgesamt 240 Min.
Filmmaterial und Booklet
auch als VHS-Kassette erhältlich (nur Film)

25,00 Euro (DVD) / 17,00 Euro (VHS)

Eine Schule, die gelingt
Enja Riegel und die Helene-Lange-Schule

Doppel-DVD und Buch

29,00 Euro (DVD) / 17,00 Euro (VHS)

Treibhäuser der Zukunft (Internationale Edition)

Incubators of the future/Les serres de l'avenir
DVD mit französischer, deutsch- und englischsprachiger Version

18,90 Euro

Lernen
Die Entdeckung des Selbstverständlichen

Ein Vortrag von Manfred Spitzer
DVD mit Booklet

19,50 Euro

Die Verwendung der Begriffe Pädagogen, Wissenschaftler usw. in diesem Handbuch dient einzig der Lesbarkeit des Texts und ist nicht als Ausdruck einer Diskriminierung von Pädagoginnen, Wissenschaftlerinnen usw. misszuverstehen.

Originalausgabe April 2006

Archiv der Zukunft – Produktionen
Eppendorfer Landstraße 46
20249 Hamburg
Tel: 0049 (0) 40 460 - 92 557/- 63 693
Fax: 0049 (0) 40 460 - 63 538
rechte@archiv-der-zukunft.de

www.archiv-der-zukunft.de

www.mckinsey-bildet.de

ISBN 3-407-85771-3